LA DIVERSIÓN DE MARTINA

LA DIVERSIÓN DE MARTINA

la puerta mágica

MARTINA D'ANTIOCHIA

Ilustraciones de **Laia López**

montena

hugo
sofía
martina

lucía
nico

Primera edición: julio de 2018
Primera reimpresión: julio de 2018

Printed in Spain – Impreso en España

ISBN: 978-84-9043-950-0
Depósito legal: B-10.716-2018

Compuesto en Compaginem Llibres, S. L.

Impreso en Limpergraf
Barberà del Vallès (Barcelona)

GT 3 9 5 0 0

Penguin
Random House
Grupo Editorial

Vale: NO. ME. SALE. ¡No me sale!

Respira, Martina. No te pongas nerviosa.

Calma, calma.

Me he encerrado en mi habitación. Les he dicho a mis padres que NO me molestaran porque estaría muy ocupada. Incluso, INCLUSO, he dejado a mi hermano peludo fuera... ¡pobre Lili! Me ha mirado con esa cara que tienen los gatos cuando se enfadan contigo: así, con las orejas bajas y los bigotes tiesos, pero lo siento, Lili querido, hoy es un día muy importante.

Llevo preparándolo toda la semana. ¡Hasta he llevado un cuaderno a la escuela todos estos días, para apuntar ideas sueltas! (aunque si mis padres alguna vez leen esto lo NEGARÉ).

¡Y por fin lo tengo todo!

Tengo la canción: *Downtown*. Tengo la ropa, un mono de color rosa y negro, botas altas y una torera de pelo blanca. Me he peinado. Vale, SIEMPRE voy peinada; quiero decir que me he peinado para la ocasión: hoy era el día en que iba a hacer el mejor musical.ly de la HISTORIA.

¿Que qué es un musical.ly? ¿En serio? Solo alguien que viva en una cueva, o bajo el mar, o en un desierto remoto como los que salen en los documentales que hacen por la tarde en la tele, sin internet y... sin móvil no lo sabría. ¡Es lo más de lo más de lo más! Es una red social con la que puedes grabar vídeos y luego ponerles música de fondo, hacer efectos superchulos como cámara lenta, o reproducirlos al revés, y luego compartirlos con tus fans. Ah, y los vídeos solo pueden durar quince segundos, así que si quieres que sean lo mejor de lo mejor... pues por eso llevo una semana preparándolo, porque con vídeos tan cortos tooodo tiene que quedar PER-FEC-TO.

Pero NO ME SALE.

Y eso que lo he intentado un millón de veces. ¿Cómo puede ser?

Todo estaba preparado, en serio. Lo he grabado una vez y no me ha gustado. Otra, y tampoco. A la tercera me he dicho: *Martina, céntrate, esta vez SÍ vas a conseguirlo.*

Y casi. La música estaba bien, mi coreografía también, y el maquillaje y la ropa, pero cada vez que miraba el vídeo que se había grabado...

¡Horror!

Después de eso, lo he repetido tantas veces que ya ni me acuerdo, pero todas las grabaciones han sido igual de desastrosas.

He tenido que sentarme en mi cama a respirar. ¿Y ahora qué? Solo hay dos opciones:

Opción 1: Rendirme.

Opción 2: No rendirme.

¿Y sabéis qué? Pues que voy a por la opción 2, porque Martina...

¡¡¡NUNCA SE RINDE!!!

EL FONDO. ES. EL. FONDO.

¿¿¿¡¡¡Cómo no me había dado cuenta antes!!!???

Claro que TODO (yo, mi música, mi ropa, mi peinado y mi maquillaje) estaba bien. El problema es lo que se ve en el fondo del vídeo: mi cama, una parte de mi escritorio con la puerta del balcón y la pared que está decorada con un papel pintado de rayas blancas y rosas.

Desde luego, no es la clase de escenario que uno esperaría encontrar en un vídeo musical.

Además, puede, solo PUEDE, que la habitación esté un poco desordenada. Hay libros y cuadernos encima del escritorio, y un montón de ropa tirada sobre la cama porque antes de elegir el mono de color rosa me he probado unos cuantos modelos para estar completamente segura de que el que había elegido era PERFECTO.

¿La buena noticia? Pues que ya sé qué está mal en el vídeo, así que en cuanto lo arregle ya podré hacer mi musical.ly.

¿La mala? Pues la mala es que antes tengo que ordenarlo TODO.

¡MANOS A LA OBRA, MARTINA!

¡Ya está! Como siempre hay que sacar algo bueno de lo malo, me he puesto *Downtown* para ir practicando mis movimientos de baile mientras ordenaba el cuarto y lo he arreglado todo ¡en un MOMENTO!

Vale, rectifico: en realidad lo que he hecho es meterlo todo (ropa y libros y cuadernos) dentro del armario, pero la habitación SE VE ordenada, que es lo que importa.

Ahora ya puedo ponerme manos a la obra, aunque... ¡idea! ¿No quedaría genial si, al final del vídeo, saltara de la cama? Luego podría pasarlo todo a cámara lenta, ¡como en los videoclips profesionales!

¡Qué grande eres, Martina!

Vale. Decidido. Lo que pasa es que la cama está a un lado del cuarto, pegada a la pared, y si salto desde allí se me verá de lado mientras que todo el vídeo estará grabado de cara...

¡No hay problema! Lo único que tengo que hacer es mover la cama hacia el centro de la habitación. Pesa un poco, pero yo creo que con algo de esfuerzo...

Uy. Uy, uy, uy...

He descubierto algo raro en mi habitación al mover la cama. Antes he explicado que la pared tiene un papel pintado de rayas, ¿no? Pues por la parte de abajo, casi tocando al suelo, el papel no tiene rayas. No quiero decir que esté desgastado, o un poco suelto, que sería feo, pero sería NORMAL, no. Una esquina del papel tiene un color completamente distinto: es negro.

No me había dado cuenta antes porque la cama lo ha tapado todos estos años, pero...

No, Martina, tienes un vídeo que hacer. ¡Tu musical.ly perfecto!

Pero es que ese papel es... muy raro. Con ese color tan negro incluso me ha parecido, al principio, que era un agujero. Un agujero no muy grande, pero sí lo bastante para que alguien pueda pasar arrastrándose...

He tenido que tocarlo para asegurarme de que no tengo un boquete en la pared de mi cuarto. Igual son imaginaciones mías, pero me ha parecido que la parte negra de la pared estaba fría al tacto...

¿Por qué está ahí esa mancha negra?

Aunque tampoco es una mancha de suciedad, ni siquiera de pintura.

Luego me he dicho: *El vídeo, Martina, no te distraigas.*

He salido de mi habitación, dispuesta a preguntar a mis padres... pero entonces ¡ha sido Lili quien ha entrado corriendo!

Ha ido directo a esa mancha negra en la esquina de mi habitación. Como si se hubiera

vuelto loco ha comenzado a maullar y a rascar la pared. Yo, claro, he corrido a apartarlo.

Yo: **¡Lili! ¿¡Qué haces!?**

Pero Lili, como buen hermano peludo mío, es tan cabezota como yo. Cuando ya lo tenía agarrado ha saltado de mis brazos y ha seguido arañando la pared. Y entonces...

¡CRAAAAAAC!

Ha arrancado un trozo del papel.

No un trocito, no. ¡UN PEDAZO ENORME! NO SOLO LA PARTE DE LA MANCHA NEGRA, SINO TAMBIÉN PARTE DEL PAPEL DE RAYAS!

¡MIS PADRES ME VAN A MATAAAAAAAAAAAAAR!

Al final he logrado apartar a Lili. Mi hermano peludo se ha subido de un salto a la cama poniendo esa cara de gato enfadado que tan bien sabe poner.

Vale. Calma, Martina, calma. NO PASA NADA. Puedo volver a colocar la cama en su sitio, mis padres no se darán cuenta nunca. Incluso puedo... yo qué sé, ¿y si pego el trozo que ha arrancado con celo?

Me he arrodillado en el suelo y he tratado de encajar el trozo de papel en la pared, pero resulta que todavía me quedaban más cosas raras por descubrir.

Resulta que debajo del papel hay ladrillos. Dos tipos de ladrillos.

En serio, ¿qué está pasando aquí?

En la parte normal de la pared, los ladrillos son nuevos, de color marrón rojizo, el tipo de ladrillo que hay en todas partes, rectangular, con agujeros por dentro. Sin embargo, en la parte donde estaba el papel pintado negro... los ladrillos parecen mucho más viejos, más oscuros y pesados, incluso un poco rugosos, como si los hubieran hecho a mano y no con una máquina como los otros.

He pensado en el vídeo otra vez, pero solo un segundo.

Luego me he inclinado para tocar esos ladrillos tan raros.

Lili ha comenzado a maullar COMO UN LOCO, pero como un loco de verdad, y cuando me he vuelto hacia él había sacado las uñas y tenía el lomo superarqueado. Solo se pone así cuando está muy asustado.

En el momento en que he tocado uno de esos ladrillos raros y viejos, Lili se ha puesto a bufar como si hubiera visto un fantasma.

No me lo estaba imaginando: en comparación con los ladrillos normales del resto de la pared, estaban muy fríos.

Y cuando he empujado un poco...

¡EL LADRILLO SE HA CAÍDO PARA ATRÁS!

Ahora tengo un agujero en la pared de mi cuarto. Mirando a través de él no se ve nada, solo un espacio oscuro. Creo que todavía podría taparlo, volver a poner la cama en su sitio y olvidarme completamente del tema. Porque encima, ¿no tenía yo que grabar un vídeo? No debería estar perdiendo el tiempo con eso. Tendría que tapar el agujero y con un poco de suerte mis padres no se enterarán JAMÁS.

PERO ¡ES QUE ES MUY RARO!

No solo el tema del papel y los ladrillos viejos. Es que yo vivo en una casa, y mi habitación está en el piso de arriba y... se supone que la pared donde estaba la cama da directamente al exterior.

Me explico: si la pared da al exterior, al caerse los ladrillos TENDRÍA QUE VERSE EL JARDÍN DE MI CASA.

COSAS QUE PODRÍA HABER DETRÁS DE ESA PARED MISTERIOSA QUE HE DESCUBIERTO EN MI CUARTO:

- Pues lo más normal es que solo haya un espacio vacío. Igual es que las paredes son muy gruesas y tienen un hueco por el que ha caído el ladrillo. Entonces, detrás de la pared solo habrá, me imagino... pues... POLVO Y TELARAÑAS. ¡QUÉ ASCO!

- UNA HABITACIÓN SECRETA. Puede que al construir la casa quedara un espacio vacío sin aprovechar, y que lo taparan. ¡Sería GENIAL que hubiera una habitación secreta! Podría pintarla, poner algunos muebles... sería MI ESTUDIO DE GRABACIÓN. Así ya no tendría que volver a ordenar mi cuarto para hacer un vídeo.

Una habitación secreta que oculta un... ¡TESORO ESCONDIDO! Porque ¿quién dejaría una habitación vacía sin más? No, no, tiene que haber alguna razón. Quizá... ¡Un tesoro pirata! No. Mi casa es moderna, y los piratas vivieron hace siglos. Pero quizá... quizá un ladrón de joyas estaba huyendo de la policía y pasó cerca de mi casa cuando todavía se estaba construyendo, y el único lugar en el que se le ocurrió esconder su botín fue entre las paredes...

Me comienza a gustar la idea del tesoro escondido. Así, si lo encontrara, mis padres no se enfadarían tanto al descubrir que me he cargado la pared.

Total, el mal ya está hecho, ¿no?

Además, todo esto es muy misterioso y muy

muy emocionante. ¿De veras alguien, ante la posibilidad de explorar un misterioso agujero que no se sabe adónde conduce, se quedaría sin hacer nada?

¡PUES YO NO!

Decidido: lo mejor es... ¡seguir investigando!

He tocado otro ladrillo. Se ha caído hacia atrás enseguida, como el primero.

Lili ha soltado un maullido terrible:

Lili: **¡MIAAAAAAAAAAAAAAAAAAAAAAAAAAAAAAAAAAAAU!**

De un salto ha escapado de la cama y se ha sentado sobre mi escritorio.

Yo: **¡Lili! ¡Eres un cobardica!**

Le he dicho mientras empujaba otro y otro y otro ladrillo. Todos se han ido cayendo hacia atrás, el agujero se hacía cada vez más grande. Me he dado cuenta de que, a medida que había más espacio, del agujero llegaba una corriente de aire frío que olía como huele el sótano de mi casa.

No me ha costado nada hacer un boquete en la pared lo bastante grande como para que alguien, por ejemplo, yo, pueda pasar.

Pero necesito luz. Suerte que nunca dejo el teléfono móvil muy lejos de mí. He encendido la linterna y, con mucho cuidado, he metido el brazo por el boquete en la pared.

Y he visto... pues... he visto... ¡LADRILLOS! Una especie de túnel hecho de ladrillos. ¡Un pasadizo secreto! Y al fondo del pasillo de ladrillos... ¡UN TESORO!

Vale, voy a rectificar: no he visto un tesoro, ¿vale? OJALÁ. Al menos, no he visto piedras preciosas ni monedas de oro, pero sí que al fondo del pasillo brilla un resplandor tenue. No puede ser nada más que un tesoro, ¿verdad?

Pero el problema es que está un poco lejos. Si quisiera verlo, tendría que meterme todavía más en el agujero, tendría que ir hacia allá...

Lili se ha quedado callado de repente. Está sobre el escritorio, muy quieto, parece una estatua.

¿Qué hago? ¿Me atrevo? ¿Soy lo bastante valiente?

Estoy temblando, y no solo de miedo. También de emoción porque... pues porque al final he entrado por el túnel.

Todo lo que ha ocurrido no es solo misterioso y emocionante, sino que también es IMPOSIBLE.

He comenzado a arrastrarme por el agujero. En cuanto he avanzado un poco he ido a parar a ese pasillo que se veía desde mi cuarto. Todas las paredes eran de los mismos ladrillos viejos que he quitado para entrar. Lo bueno es que no había ni polvo ni telarañas. De haber habido telarañas creo que no habría podido continuar porque... ¡PUAJ, QUÉ ASCO!

Total, que el pasillo era lo bastante alto como para ponerme de pie, así que he comenzado a caminar hacia ese resplandor que se veía al fondo del túnel. La luz se ha ido haciendo cada vez más y más potente, tanto que al final ya no he necesitado la linterna del móvil para iluminarme.

De repente he comenzado a escuchar ruidos, como una especie de zumbido metálico.

Llegados a este punto habría podido asustarme, dar media vuelta... pero no lo he hecho. He seguido avanzando hasta que, desde el pasillo de ladrillos he llegado... a una calle.

No, no es broma. Una CALLE.

Me he dado la vuelta. Detrás de mí, veía el pasadizo de ladrillos y muy muy al fondo, un puntito de luz que debía de ser mi habitación. Y delante de mí, esa calle que no era como las que rodean mi casa. Mi casa está en una zona residencial, las calles son anchas y bonitas, con árboles. Esta calle no la había visto nunca. Era muy estrecha, casi un callejón, y ese resplandor que veía desde mi habitación provenía directamente del suelo, que brillaba como si fuera fluorescente. A ambos lados había edificios ALTÍSIMOS, hechos de... ¿metal? O al menos parecía metal, pero uno que no había visto nunca, muy brillante y pulido. No tenían ventanas, pero en las esquinas de los edificios brillaban luces de neón de todos los colores. Desde luego, en Marbella, que es donde yo vivo, no hay nada parecido. No, edificios así los hay en grandes ciudades como Nueva York (la verdad, ME ENCANTARÍA ir a Nueva York. Se lo he dicho un montón de veces a mis padres. Ir a Nueva York de compras, y pasear por los lugares que salen en las películas, e ir a ver UN MUSICAL EN LOS TEATROS DE BROADWAY es uno de mis mayores sueños).

¿PODRÍA SER QUE ESE pasadizo SECRETO EN MI HABITACIÓN LLEVARA DIRECTAMENTE A NUEVA YORK?

Pero no. He visto Nueva York en un montón de películas, y los edificios que me rodeaban parecían más sacados de una película de ciencia ficción.

Me he quedado mirando esa calle extrañísima y esos rascacielos tan altos que apenas dejaban ver un trocito pequeñísimo de cielo, que además era de color violeta.

Entonces el zumbido que llevaba escuchando desde hacía rato se ha vuelto más y más fuerte. He tenido que taparme los oídos, todavía mirando hacia ese cielo violeta tan raro.

Entonces he visto la cosa más más rara de todas: una nave espacial.

No, en serio, no me lo estoy inventando. No un avión, no un helicóptero: UNA NAVE ESPACIAL. Estaba hecha del mismo metal pulido que los edificios y tenía un par de motores ENORMES a ambos lados.

¿Que cómo sé que eso no era un avión? Pues porque he estado en un avión y, creedme, SÉ CÓMO ES UN AVIÓN Y ESO NO SE LE PARECÍA EN NADA.

Me he quedado tan alucinada que no he sabido cómo reaccionar. Estaba claro que ese pasillo misterioso en mi habitación me había llevado a un lugar extraordinario. Tenía que explorar, tenía... tenía que ¡ENSEÑÁRSELO A TODO EL MUNDO! He comenzado a caminar por el callejón. Al fondo se podía ver una calle más ancha, quién sabe qué cosas maravillosas encontraría allí... He sacado mi teléfono móvil del bolsillo porque, por supuesto, nadie, absolutamente nadie, me iba a creer sin pruebas.

Pensaba que mi vídeo de musical.ly sería un éxito, pero ¡seguro que uno sobre un mundo que parece sacado del futuro lo será todavía más!

El final del callejón se abría a una avenida larga. Qué digo larga... ¡kilométrica! ¡Infinita! Tanto que no lograba ver el final. A ambos lados había los mismos rascacielos metálicos con esas luces de neón que se movían por las esquinas a toda velocidad.

He puesto el teléfono en modo cámara, dispuesta a grabar imágenes de este mundo tan fantástico.

Entonces he escuchado otro ruido. No el zumbido de la nave espacial (¡una nave espacial!, ¡todavía no me lo creo!), sino una especie de chirrido metálico. De repente, en uno de los edificios que tenía enfrente se ha abierto una puerta y de ella han salido... personas. Eran como diez o doce. Creo que eran personas, pero eran todos muy altos y pálidos, y llevaban la ropa más estrafalaria que he visto en mi vida. Parecían salidos de un desfile de carnaval. Iban vestidos con colores superchillones: amarillo, rojo, verde, y también plateado, y su ropa brillaba con las mismas luces de neón de los edificios. Además, los diseños no se parecían a nada que haya visto. Una mujer llevaba un abrigo largo que por detrás se levantaba como una cola de pavo real, y a su lado un hombre con el pelo de color rosa chicle vestía una chaqueta con unas hombreras puntiagudas que emitían lucecitas verdes.

Todos se me han quedado mirando con una cara de sorpresa que, supongo, ¡era la misma cara con la que yo los estaba mirando a ellos!

La mujer con el vestido que parecía la cola de un pavo real me ha señalado mientras gri-

taba en una lengua que he sido incapaz de entender. De repente, las luces de neón de los edificios se han vuelto de color rojo. El resto del grupo también ha comenzado a gritar.

Y yo, que soy valiente, y curiosa, y aventurera, pero no tonta, he echado a correr.

Me he metido en el callejón otra vez. Detrás de mí oía los pasos de esa gente tan rara persiguiéndome, pero yo he huido tan rápido como he podido entre los edificios metálicos hacia el pasadizo de ladrillos.

Cuando he llegado al fondo del túnel, ya comenzaba a faltarme el aliento, pero allí estaba: el agujero que conduce a mi habitación. Me he lanzado de cabeza con tanta fuerza que he aterrizado en el suelo de mi cuarto.

¡¡¡SALVADA!!!

Al darme la vuelta, a través del agujero solo se veía el pasillo. Nadie me había seguido.

He tenido que sentarme un rato y respirar profundamente mientras trataba de tranquilizarme. Lili, que ha estado todo el rato sobre mi escritorio, ha venido a acurrucarse en mi regazo como si supiera que necesitaba un poco de ayuda para calmarme. ¡Gracias, hermano peludo!

No sé cuánto rato he estado sentada en la cama, pensando en lo que acababa de ver y tratando de tranquilizarme. Un rato largo, eso seguro. Al final he dejado a Lili a un lado, he vuelto a tapar el agujero con el trozo de papel pintado, enganchándolo con celo para que no se caiga, y he empujado mi cama contra la pared.

Vale. Un momento. Tengo que respirar muy hondo y tranquilizarme porque, porque... ¡porque todo esto no tiene sentido! El túnel, ese mundo como del futuro...

¿Y si todo tuviera una explicación fácil?

¿¿¿¿¿¿Y SI FUERA UN SUEÑO??????

Podría ser un sueño como ese que tuve hace poco. Fue, no exagero, el mejor sueño DE LA HISTORIA.

En el sueño mis amigas Lucía, Sofía y yo descubrimos una avioneta abandonada en el bosque. Nos montamos en ella para jugar y entonces... ¡la avioneta despegó! Y dentro estaba mi amigo Hugo, aunque en el sueño no nos conocíamos, y llegábamos a Londres, donde encontramos a Nico, que en el sueño TAMPOCO LO CONOCÍAMOS, y vivimos aventuras y acabamos regresando a casa en GLOBO AEROSTÁTICO.

No, en serio, ¿y si lo del túnel en mi habitación también fuera un sueño? ¿Te has dormido, Martina?

Me he pellizcado (es lo que siempre dicen que tienes que hacer cuando piensas que estás soñando), pero aunque me duele y me he dejado una marca en el brazo, no me he despertado. Y luego me he levantado, he dado saltos mientras pensaba muy fuerte DESPIERTA MARTINA, DESPIERTA, pero nada.

Pues no, no creo que fuera un sueño. Creo que estoy despierta y esto está ocurriendo DE VERDAD.

¡ALUCINANTE!

¿Qué debería hacer ahora que he descubierto un túnel secreto en mi cuarto que conduce a un mundo futurista?

Olvidarme de él. Es la opción más segura; todavía me dura el tembleque de ver a esas personas vestidas con ropa estrafalaria persiguiéndome. Si dejo el túnel tapado y pongo la cama en su sitio, quizá pueda olvidarme de lo que ha ocurrido. (Aunque bien pensado, estoy casi segura de que no lo lograré.)

Además, ahora que lo pienso... ¿Y si, igual que yo he podido viajar desde mi habitación a ese mundo extraño... ¡PUEDE OCURRIR AL REVÉS!?

¿Y si estuviera durmiendo y DE REPENTE apareciera alguien por el agujero en mi habitación? ME DARÍA UN SUSTO DE MUERTE.

Contárselo a mis padres. ¿Están al corriente de la existencia de ese pasadizo secreto? ¿Me creerían? Yo supongo que si no saben que existe ese túnel (porque, si estuvieran al corriente, QUÉ MORRO DE NO DECÍRMELO) sería solo cuestión de arrastrarlos hasta mi cuarto y hacerles meter la cabeza en el AGUJERO DE LA PARED para convencerlos. Pero, claro, antes de nada verían el hueco. Y, la verdad, a mis padres suele enfadarles que destroce la casa.

Creo que solo me queda una opción, que no solo es la mejor sino que también es la más inteligente.

¡Pedir ayuda a mis amigos!

Martina dice: **¡CHICOS, CHICOS! Reunión de emergencia en mi casa. AHORA MISMO.**

Lucía dice: **¿Qué ocurre, Martina?**

Nico dice: **Estaba a punto de estrenar el monopatín nuevo que me han regalado mis padres, ¿tan urgente es?**

Martina dice: **¡ES TAN URGENTE QUE NO DEBERÍAMOS ESTAR AQUÍ PERDIENDO EL TIEMPO CON PREGUNTAS, CHICOS!**

Hugo dice: **Voy para allá. Chicas, ¿paso por vuestra casa y vamos juntos?**

Sofía dice: **¡Vale!**

Nico dice: **Vale, vale, voy yo también. ¡A ver qué es eso tan urgente!**

Después de mandar el mensaje a mis amigos me he quedado en mi cuarto, esperando. Lo bueno es que han llegado enseguida.

No habían pasado ni veinte minutos cuando he escuchado el timbre de la puerta. Entonces le he dicho a Lili:

Yo: ***Hermano peludo, ¡VIGILA EL AGUJERO!***

He bajado corriendo hacia la puerta. Mi padre ya había abierto y tenía una cara de superextrañeza al ver a todos mis amigos allí. Todavía ha puesto una cara más rara cuando yo me he plantado delante de él y he dicho, tan rápido que apenas se me entendía:

HOLAPAPÁGRACIASPAPÁMISAMIGOSHANVENIDOA AYUDARMECONELVÍDEOQUEESTABAGRABANDOESTA REMOSENMIHABITACIÓNSOBRETODOIQUENONOSMOLE STENADIE!

He arrastrado a Lucía, Sofía, Nico y Hugo a mi habitación, y luego he cerrado la puerta.

Mientras Lili demostraba lo supercontento que estaba, porque le gustan mucho mis amigos y siempre los recibe con un ronroneo y frotándose contra sus piernas, se lo he contado todo.

Les he contado que estaba haciendo un vídeo y al apartar la cama he encontrado el papel pintado de color negro, y cómo Lili lo ha arrancado dejando a la vista los ladrillos antiguos.

Y luego les he hablado del túnel, de esa calle fluorescente, de los edificios futuristas y la nave espacial.

Lo normal sería que todos me creyeran de inmediato, ¿verdad? Es decir, vale que mi historia es muy muy rara, pero ¿no se supone que son mis amigos? Es más, son mis amigos aventureros, vamos juntos a todas partes, hacemos cosas emocionantes como ir de excursión, a explorar, a vivir aventuras, pero en vez de decir: «¡Hala, qué pasada Martina!», Sofía se ha cruzado de brazos y ha dicho:

Sofía: **Pero ¡qué historia más loca te has inventado, Martina!**

Nico se ha sentado sobre la cama al lado de Lili y ha comenzado a hacerle cosquillas detrás de las orejas.

NICO: ***Pues a mí la historia no me parece rara. Me parece guay, como si estuviera sacada de una peli. ¿Es de una peli?***

Ha preguntado, inclinando la cabeza.

Yo les he dicho que CLARO que no es una peli, ni un invención. Para eso no los habría llamado con tanta urgencia...

Sofía: **¡Pues queremos pruebas!**

Bueno, vale. He sacado inmediatamente el móvil, pero entonces me he acordado de que no me ha dado tiempo de hacer ni una foto porque me ha comenzado a perseguir aquella gente rara del mundo futurista.

Sofía: **¿Ves? ¡No tienes ninguna!**

Pero sí tenía una prueba, la mejor de todas. Un poco enfadada porque mis amigos no me creían, me he acercado a la cama y la he apartado de un empujón. Entonces me he dado cuenta de que los cuatro se habían quedado muy callados y me miraban.

Bueno, no me miraban a mí, sino al trozo de papel de color negro, muy roto y pegado con celo a la pared. El mismo trozo de papel pintado que he arrancado de golpe, dejando a la vista el agujero hacia el túnel secreto.

Yo: **¿Me creéis ahora?**

Hugo, Nico y Lucía han dicho que sí con la cabeza muy poco a poco. Tenían la boca abierta. Sofía, en cambio, ha dicho:

Sofía: **Ese agujero podría conducir a cualquier parte...**

Yo ya no podía más. Me he puesto de pie para parecer más segura de mí misma.

Yo: **Pues si no me crees... ¡vamos a entrar! Por eso os he llamado, porque sois los amigos más aventureros del mundo y estaba segura de que os parecería una oportunidad increíble: ¡explorar un mundo nuevo! ¡Un mundo del futuro con naves espaciales y rascacielos de metal! ¡Quién sabe qué más cosas maravillosas podemos descubrir si...**

¿A que mi discurso era genial? Vamos, me estaba quedando superbién, pero entonces me ha interrumpido un ruido. ¡El pitido de un móvil!

Nico enseguida ha sacado el teléfono del bolsillo y ha mirado la pantalla.

Nico: **Perdón, perdón... Es mi padre. Pregunta si vamos a estar mucho rato.**

Yo he respirado hondo.

Yo: **¡Las aventuras se llaman así porque no se pueden planear! ¡No se puede prever cuándo llegan, y tampoco cuándo acaban!**

La primera en ponerse de pie a mi lado ha sido Lucía.

Lucía: **¡Vale! ¡Martina tiene razón! ¡Vamos a explorar!**

Luego los chicos han hecho lo mismo. La última en levantarse ha sido Sofía, que todavía no parecía estar muy convencida.

Sofía: **Es que todo esto que nos cuentas, Martina... ¡me parece imposible!**

Nico: **¡Pues la mejor manera de comprobarlo es verlo con nuestros propios ojos, ¿no?!**

Ha sido facilísimo convencer a Hugo (no sé por qué, me ha alegrado mucho de que se apuntara tan rápido a la aventura. Por un momento me he acordado del sueño que tuve, el de Londres, y puede que me haya sonrojado un poco). Sofía, justo cuando Hugo ha dicho que sí, también se ha apuntado a la aventura (entonces me he acordado de mi sueño otra vez, y PUEDE que después de sonrojarme me haya enfurruñado un poco). Hemos decidido no esperar, íbamos a meternos en el pasadizo secreto de inmediato. A mí ya no me daba miedo (que tampoco me lo daba antes, ¿eh? Recordémoslo: YO SOY MUY VALIENTE), pero la verdad es que me tranquilizaba ir acompañada.

La primera en arrastrarse por el agujero ha sido Lucía. Luego Nico, y después de él ha entrado Hugo. Sofía, que se ha metido detrás de él, ha tenido que ayudarlo empujándolo por los pies.

Cuando ha sido mi turno de adentrarme en el túnel, he oído a Sofía.

Sofía: **¿¡Veis como era mentira eso del mundo de ciencia ficción!?**

Y tenía razón. Más o menos.

¡LA COSA SE PONE TODAVÍA MÁS MISTERIOSA!

Lo reconozco: no estábamos en aquel lugar futurista, lo cual no significaba que Sofía tuviera razón al cien por cien cuando ha dicho que les había contado una mentira. Sí, vale, al final del pasadizo de ladrillos no había rascacielos altísimos ni suelos fluorescentes. En lugar de eso, los cinco hemos llegado a una callejuela con el suelo de tierra, rodeada de casas bajas hechas de ese mismo ladrillo viejo del pasadizo.

Si en aquella calle futurista había una especie de zumbido metálico, ahora se escuchaban voces, y el sonido de... ¡cascos de caballos!

¿Que cómo lo sé? Porque a mí me ENCANTA montar a caballo. Además de ir a clases de baile y de música, también voy a clases de equitación. ¡Reconocería ese sonido en cualquier parte!

Sofía, Lucía, Hugo, Nico y yo, muy juntos, hemos avanzado hacia el final del callejón.

Cuando me he metido yo sola por el túnel secreto he visto una avenida infinita con rascacielos de metal a ambos lados. Ahora, en cambio, las casas que teníamos ante nosotros eran bajas, como mucho de dos plantas, con jardines en la parte delantera. Parecían palacios en miniatura. Muchas de las casas tenían torreones y ventanas de cristales coloreados. El sonido de cascos de caballos se oía porque la calle estaba llena de carruajes, a cada cual más grande y más lujoso. ¡Y la gente! Había docenas de personas paseando por esa calle preciosa. Las señoras llevaban vestidos largos y los señores, abrigos negros, azules, grises y marrones, que complementaban con sombreros de copa. Si antes parecía que me había metido en una película de ciencia ficción, ¡ahora parecía una de esas pelis antiguas que les gustan tanto a mis padres!

Sofía: **Pero ¿dónde estamos?**

Hugo, con la boca abierta, ha dicho:

Hugo: ***¡Es como si hubiéramos viajado en el tiempo! ¡Mirad!***

Ha señalado un carruaje que pasaba por delante de nosotros. La carroza parecía sacada de un cuento de hadas: era de color blanco brillante, pero no como si estuviera pintada, sino como si estuviera recubierta de perlas. Las ruedas y las manecillas de las puertas eran doradas, e iba tirada por cuatro caballos grises muy elegantes.

Lucía: ***Pero ¿cómo es posible?***

Yo: ***No lo sé... ¡Por eso quería enseñároslo! Yo solo me he encontrado ese pasillo misterioso en mi habitación...***

Sofía: ***Hemos vivido muchas aventuras, pero esto...***

Estaba tan maravillada que apenas me he dado cuenta de que algo me rozaba las piernas. Nico sí. Nico me ha agarrado del brazo de repente.

Nico: ***¡Martina! ¿Ese no es Lili?***

¿Cómo? Pero si Lili se había quedado en mi habitación... ¿no? Estaba segura de ello. Además, cuando he abierto primero el agujero para entrar en el PASADIZO secreto se ha asustado mucho...

A pesar de todo, cuando he mirado hacia abajo he visto que Nico tenía razón. ¡LILI! Estaba sentado, tan tranquilo a nuestro lado, lamiéndose una pata.

Asustadísima, le he dicho:

Yo: **¡Lili, no te muevas!**

Mi gato me ha mirado como preguntándose a qué venían tantos gritos. Por suerte, cuando he comenzado a acercarme a él no se ha movido. Es que a veces, Lili y yo jugamos a perseguirnos por casa, y me daba un miedo HORRIBLE que pensara que estábamos jugando también aquí y echara a correr.

No, por suerte Lili se ha quedado quieto hasta que CASI he llegado a su lado.

Pero luego ha levantado las orejas y ha dejado de mirarme. Ha llamado su atención un ratón que se escabullía calle abajo. Y HA ECHADO A CORRER TRAS ÉL.

¡NO, LILI,

NOOOOOOOOOOOOOOOOOOOO!

Creo que nunca he corrido tanto en mi vida. Ni siquiera he pensado si sería buena idea adentrarme en ese lugar desconocido por muy bonito que me pareciera. No he pensado en NADA salvo que Lili, mi hermano peludo, mi queridísimo gato, se escapaba calle abajo.

Una nota de aviso para aquellos que no tienen gatos como mascotas: ¡LOS GATOS SON RAPIDÍSIMOS!

No me importaba que esos hombres y mujeres tan bien vestidos se me quedaran mirando. He atravesado la calle a toda velocidad mientras Lili seguía persiguiendo al dichoso ratón. He esquivado a un señor y, al hacerlo, casi choco con una señora vestida de rojo, que ha soltado un grito de sorpresa. Y luego otro. Cuando me he vuelto para ver qué le pasaba a esa mujer, resulta que casi la atropellan... ¡mis amigos! Porque ¡MIS AMIGOS SON LOS MEJORES DEL MUNDO Y NO HAN DUDADO NI UN SEGUNDO EN SALIR ELLOS TAMBIÉN A ATRAPAR A LILI! ¡CUÁNTO OS QUIERO, CHICOS!

Yo: **¡Ahí está!**

Lili estaba en medio de la calle a unos cuantos metros por delante de nosotros, sentado otra vez y mirándonos tan tranquilo. Seguramente se había cansado de perseguir al ratón. Nos habíamos alejado tanto calle abajo que ya ni siquiera sabía por dónde estaba el camino de regreso a casa. Todo a nuestro alrededor era un bullicio y la gente de la ciudad seguía mirándonos con una cara de asombro tremenda, pero yo no tenía ojos para nada que no fuera Lili: solo quería cogerlo y que todos regresáramos sanos y salvos a mi casa.

Ya casi lo había alcanzado cuando de repente he escuchado muy muy cerca el sonido de cascos de caballos. Y de fondo la voz de mi amiga Sofía.

Sofía: ***¡CUIDADO, MARTINA!***

Me ha dado el tiempo justo de darme la vuelta. ¡Un carruaje enorme, tirado por un caballo de color negro, se me estaba echando encima! ¡QUÉ PELIGRO! Al querer apartarme, he tropezado y me he caído en plancha sobre ese suelo de tierra que, para qué negarlo, NO ESTABA MUY LIMPIO. Claro que ensuciarme la ropa era la última de mis preocupaciones. He cerrado los ojos, pensaba que el carro me atropellaría sin remedio, ¡ADIÓS, MUNDO CRUEL! ¡TE QUEDAS SIN MÁS, MARTINA! He soltado un chillido y me he tapado la cabeza con las manos. Que ya me diréis para qué iba a servirme taparme la cabeza, pero ha sido una reacción instintiva.

Entonces, supongo que el conductor del carro me ha visto porque ha chillado: *¡CUIDADO!* Y el pobre hombre ha dado un tirón a las riendas. Casi cuando ya lo tenía encima, el caballo se ha detenido en seco y, con un relincho horrible, se ha levantado sobre las patas traseras.

¡SALVADA!

Eso ha sido lo bueno. El carruaje se ha detenido a tiempo y no me ha hecho ni un rasguño. ¿Lo malo? ¡Que Lili ya no estaba!

Hugo me ha ayudado a levantarme (ay, Hugo, qué majo es...) y me ha llevado hacia un lado de la calle mientras el conductor del carruaje nos gritaba cosas no muy bonitas. Me dolía todo del golpe, pero yo solo tenía cabeza para una cosa.

Yo: **¿Dónde está Lili?**

Le he preguntado, mirando a todos lados.

Lucía y Sofía también se me han acercado y entre las dos han comenzado a darme manotazos para limpiarme un poco la ropa, que se me había manchado de tierra. Lucía tenía los ojos muy abiertos y estaba pálida.

Lucía: ***¡Martina! ¡Nos has dado un susto terrible!***

Yo: ***Pero ¡¿alguno de vosotros sabe dónde está Lili?!***

Estaba desesperada. Justo en ese momento Nico ha señalado una de las casas al lado de la calle.

Nico: ***¡Yo lo he visto! Cuando casi te atropella el carruaje se ha asustado y se ha metido en el jardín de esa casa.***

Pero Nico estaba equivocado.

Lo que me estaba señalando no era una casa: era una mansión.

He visto casas grandes en mi vida. Paseando por Marbella, por ejemplo, se ven algunas realmente enormes, pero esa... esa era gigantesca. La mansión no era de ladrillo, como todas las demás de la calle, sino de piedra, con torreones rojos en forma de cucurucho. ¡Parecía un castillo!

Además, alrededor de la mansión había una verja de madera pintada de verde, y justo entre uno de los tablones, un agujero.

¡Se ha metido por aquí! Ha dicho Hugo señalando precisamente al agujero.

Todos hemos ido corriendo hacia allá, aunque yo he sido la primera en llegar porque cada vez estaba más y más preocupada por mi gato. Me he arrodillado junto a la verja, pero ¡el agujero era demasiado pequeño para mí!

Yo: ***¡Lili! ¡Lili, ven aquí!***

He comenzado a gritar a través del agujero y de repente... ¡lo he visto! ¡Lili! Sano y salvo, pero ¡muy asustado!

CÓMO SABER QUE UN GATO ESTÁ ASUSTADO:

Orejas: Echadas para atrás

Lomo (La espalda del gato se llama así, lomo): Arqueado.

Pelo: En punta, por lo mismo que antes, para parecer más grande.

Patas: Muy juntas, con las uñas fuera, ¡listo para escapar!

Cola: Tiesa como un palo.

He seguido gritando, pero o Lili no me ha conocido porque estaba lejos y no me veía bien a través del agujero o estaba tan aterrado que no se atrevía a venir. Entonces me he vuelto hacia mis amigos. Necesitábamos...

¡UN PLAN PARA ENTRAR EN LA MANSIÓN Y RECUPERAR A MI HERMANO PELUDO!

TRES PLANES PARA RESCATAR A LILI:

El plan de Sofía: Hacer un túnel por debajo de la valla. Ella ha dicho que sería la opción más fácil, porque la valla es muy alta, demasiado para que ninguno de nosotros pueda saltarla. Tenemos que excavar por debajo de ella un agujero que pase bajo los tablones. Entonces uno de nosotros se colará dentro y rescatará a Lili.

El plan de Nico: Subirse a un árbol. Hay un árbol grande por el lado de fuera de la valla. Nico propone que uno de nosotros (él: Nico siempre está trepando a los árboles, es una de sus aficiones favoritas) se suba al árbol, vaya a una de las ramas que pasan por encima de la valla y se deje caer dentro del jardín para rescatar a Lili.

El plan de Lucía: Hacer que Lili venga A NOSOTROS, llamarlo, quizá atraerlo con comida (¿alguno de nosotros lleva comida para gatos en el bolsillo o algo?), podría ser la forma más fácil de salir de esta.

... Y TRES PLANES FRACASADOS

El plan de Lucía: Lo hemos intentado TODO, hemos llamado a Lili una y otra vez, yo he pasado el brazo por el agujero en la valla como si tuviera comida (incluso he gritado: «¡Uy, mira, Lili! ¡Comida! ¡Huuummm QUÉ BUENO!»), pero Lili ni caso. Plan de Lucía, fracasado.

El plan de Sofía: El agujero por debajo de la valla. Nos ha parecido que podría funcionar, así que nos hemos puesto manos a la obra. No teníamos nada para escarbar, así que hemos comenzado a hacerlo con las manos. Entonces hemos visto que los tablones de la valla no estaban solo apoyados en el suelo, sino CLAVADOS EN ÉL. Pero ¿a cuánta profundidad podrían estar clavados? Pues después de media hora de cavar, resulta que a mucha, porque por más que cavábamos y cavábamos... ¡no llegábamos a ver el borde de la valla! Nos hemos quedado con un agujero ENORME en nuestro lado de la valla y tres palmos de narices.

El plan de Nico: Tocaba intentar el de Nico. Se ha ido corriendo hacia un gran árbol que estaba al lado de la valla y lo ha trepado como si nada. Yo casi no quería mirar, me daba miedo que se cayera, pero Nico es de verdad muy bueno subiéndose a los árboles. Se ha arrastrado hasta una de las ramas que quedaba por dentro del jardín, y entonces... entonces se ha dado cuenta de algo.

NICO: ***¡Una cosa, chicos! Si salto dentro del jardín... ¿después cómo voy a salir?***

Tenía razón. No había ningún árbol por la parte de dentro del jardín por el que trepar para salir.

Otro plan fallido.

UN ÚLTIMO PLAN DESESPERADO

Después de que nuestros tres primeros planes fallaran, los cinco nos hemos quedado muy quietos y muy tristes. Yo ya pensaba que no podríamos rescatar a Lili, tenía ganas de llorar, y entonces... entonces he tenido una idea.

Yo: ***¡CHICOS! ¡YA LO TENGO! ¡VAMOS A HACER UNA TORRE HUMANA!***

El plan es: Nico y Hugo se ponen a los pies de la valla. Entonces Sofía y Lucía se suben sobre sus hombros. Yo solo tendré que trepar por encima de ellos para alcanzar la parte de arriba de la valla y desde allí podré ayudar a los demás a subir. Así podemos pasar TODOS al otro lado, y en cuanto hayamos rescatado a

Lili, lo único que tendremos que hacer es repetir el proceso, hacer otra torre humana pero por la parte de dentro del jardín y salir pitando.

¡ESTE SÍ TIENE QUE FUNCIONAR!

No ha funcionado.

Y lo peor de todo: no hemos podido rescatar a Lili.

EL PLAN de construir una torre humana ha comenzado bien. Como yo había dicho, Hugo y Nico se han puesto junto a la valla, con las manos apoyadas en la madera. Sobre ellos ha subido Lucía primero. Sofía se ha hecho un poco la remolona, ha dicho que quería estar ella encima de todos (pero yo me he dado cuenta enseguida de que lo que quería era quedar bien delante de Hugo, así que le he dicho que no, que Lili es mi gato y que era justo que yo fuera la primera en saltar). Al final, aunque a regañadientes, se ha subido encima de los chicos. Con Lucía y Sofía, casi llegaban a lo alto de la valla. Entonces ha llegado mi turno. He trepado por encima de Hugo, que me ha ayudado entrelazando las manos para hacer una especie de escalón (¿he dicho ya que es supermajo?) PERO mientras trataba de subirme a los hombros de Sofía:

Sofía: ***¡AY! ¡ME HAS PISADO LA MANO!***

Yo: ***¡ES QUE TENGO QUE PISARTE PARA SUBIRME ENCIMA DE TI, SOFÍA!***

He intentado ir con más cuidado, pero entonces quien ha gritado ha sido Lucía:

Lucía: ***¡AY! ¡MI PELO!***

Sofía: ***¡Ahora me estás pisando a mí otra vez, Martina!***

Yo: ***¡Lo siento, chicas! Pero ¡si quiero subir TENGO que pisaros un poco!***

Entonces hemos oído a Hugo. La voz le sonaba como si estuviera haciendo un gran esfuerzo.

Hugo: ***¡CHICAS! ¿PODÉIS DEJAR DE MOVEROS TANTO?***

Y justo en ese momento…

¡¡¡¡¡¡CRAAAAAAAAAAAAAC!!!!!!

Puede que la valla estuviera muy bien enterrada en el suelo, pero no era lo bastante resistente como para aguantar el peso de los cinco apoyados en ella, porque SE HA PARTIDO. Hemos caído todos dentro del jardín hechos un revoltijo de brazos y piernas, desparramados por el césped.

Hubiéramos podido rescatar a Lili entonces. Total, aun con un poco de destrozo estábamos dentro del jardín, pero en ese momento hemos oído un grito de horror. Tres personas se acercaban corriendo. Una era una señora superdelgada, con cara de estricta (la cara que tienen las madrastras malas de los cuentos de

hadas, por ejemplo), que llevaba un vestido azul lleno de volantes y flores negras bordadas. Los otros dos eran dos hombres ¡vestidos de mayordomo! (Sé que iban vestidos de mayordomo ¡porque iban igual que los mayordomos de las películas! Con traje negro y camisa blanca, y pajarita, y además tenían mucha cara de mayordomo.)

La mujer ha dicho:

Señora: **¡QUÉ ESCÁNDALO! ¡QUÉ DESASTRE! ¿Qué hacen estas criaturas aquí?**

Nosotros hemos intentado explicarnos, pero entre que todavía tratábamos de ponernos en pie y el susto, no nos salían las palabras.

Entonces la mujer ha visto el desastre de la valla. Se le ha puesto una cara como si se acabara de comer un limón.

Señora: ***¡MI VALLA! ¡MI PRECIOSA VALLA! ¡LA MANDÉ PINTAR Y REPARAR HACE DOS SEMANAS PARA LA FIESTA Y AHORA ESTÁ DESTROZADA!***

La cosa se ha ido complicando todavía más, porque en ese jardín cada vez llegaba más y más gente: el jardinero, doncellas, una cocinera que llevaba una bandeja ENORME con un pavo asado encima. Y acto seguido... ¡LA POLICÍA!

Han llegado por la calle, dos señores bajitos y con bigote. Llevaban un uniforme azul marino con botones dorados y un sombrero redondo.

Uno de los policías ha preguntado:

Policía: **¿Ocurre algo, señora marquesa?**

Y la señora con cara de leche agria, la marquesa, nos ha señalado a los cinco, que seguíamos tan aturdidos que no sabíamos qué decir.

Señora marquesa: **¡Estos VÁNDALOS han destrozado mi valla! ¡Arréstenlos!**

¡Vándalos! ¡Nos ha llamado vándalos! No sé qué significa exactamente la palabra, creo que algo así como «gamberros», en todo caso, si nos hubiera dejado explicarnos... pero no lo ha hecho, claro. Además, ¡la valla ya tenía un agujero por el que se ha colado Lili! Los dos policías han comenzado a caminar hacia nosotros. Yo no quería marcharme, no sin Lili, pero Nico me ha agarrado por un brazo y Sofía por el otro.

Sofía: **¡Tenemos que marcharnos, Martina!**

Me han arrastrado hacia el mismo boquete en la valla que hemos hecho nosotros al caer. Los policías han intentado atraparnos pero nosotros nos hemos escabullido de ellos mientras la marquesa comenzaba a gritar como una loca. Alrededor de la mansión se había reunido un montón de gente que también han hecho lo posible por detenernos. Mientras corríamos, notábamos las manos de esa gente tratando de sujetarnos, pero nosotros éramos más rápidos y, al final, hemos podido escapar. Hemos acabado escondidos en una callejuela sin salida no muy lejos de la mansión. Por suerte los policías no nos han seguido o, si lo han hecho, no nos han encontrado.

Aquí es cuando no he podido aguantarlo más y me he echado a llorar.

MIS MEJORES MEMORIAS DE LILI

☆ **Memoria número 1:** El día que conocí a Lili. Recuerdo que desde que era muy pequeña les pedía a mis padres un animal de compañía, un gatito o un perrito porque los animales ¡ME ENCANTAN! Los animales son lo mejor del mundo, son buenos y graciosos...

total, que yo pedía una mascota y al final, quizá porque insistí tanto, mis padres dijeron que de acuerdo, que tendríamos un gatito. Fuimos a buscarlo a la protectora de animales (me da siempre TANTA PENA que haya tantos animales abandonados... siempre que lo pienso me hace muy feliz saber que le dimos a Lili un buen hogar). En la protectora tenían un montón de gatitos pequeños y yo me acerqué a mirarlos. Todos estaban muy asustados... excepto uno. Vi a una bolita pequeña de pelo que se acercaba, superdecidida, hacia mí. ¡Era Lili! Lo primero que hizo fue intentar trepar por mis piernas, y dije que ese gatito valiente era el que quería llevarme a mi casa.

☆ **Memoria número 2:** La vez que, hace años, pasé una gripe terrible. Tuve fiebre y me encontraba tan mal que apenas podía moverme. Pues Lili se quedó tooooooooooodo el

tiempo conmigo. Como sabía que me encontraba mal, se hizo un ovillo a mi lado en la cama y no se apartó de mí hasta que me puse buena. ¡Gracias, Lili!

☆ **Memoria número 3:** Esa vez que me peleé con mis padres porque jugando en el salón rompí uno de los cuadros que tenemos encima del sofá. Me pasé llorando casi toda la tarde, y Lili se quedó conmigo, escuchándome. Sé que es un gato y seguramente no entendía nada de lo que le decía, pero LO PARECÍA.

☆ **Memoria número 4:** Esto no es una memoria sola, sino muchas. Mi memoria favorita de Lili número 4 es CADA VEZ que llego a mi casa, porque siempre que me ve cruzar la puerta Lili es el primero en recibirme: siempre siempre está contento de verme.

No sé cuánto rato he estado llorando... y no era ese llorar de un par de lagrimitas, no. Me he echado a llorar de verdad, se me caían unos lagrimones enormes y se me ha tapado la nariz y todo. Normalmente no me gusta llorar así porque se me pone una cara MUY FEA y me duele la cabeza, pero... ¡mi hermano peludo! Mis amigos se han puesto a mi alrededor, abrazándome y diciéndome que todo se arreglaría, pero yo no podía dejar de pensar en Lili, solo y asustado... ¡Teníamos que regresar a esa dichosa mansión para rescatarlo! Pero a la vez... no sabía cómo. La marquesa estaba muy enfadada con nosotros por haberle roto la valla y no creía que fuera a escucharnos, y la policía seguro que estaría esperándonos. ¿Y si nos pillaban? ¿Y si nos metían en la cárcel en ese mundo tan extraño? ¿Y SI NO REGRESÁBAMOS JAMÁS?

Al final, Hugo me ha puesto un brazo alrededor de los hombros. (¡Qué mono es!)

Hugo: **Vamos a rescatar a Lili, Martina, te lo prometo.**

Lucía, enseguida, me ha dado un superachuchón y ha dicho: *¡No vamos a parar hasta conseguirlo!* En cambio, Sofía se ha quedado un momento parada, sin moverse. Tenía el ceño fruncido mientras nos miraba a Hugo y a mí. No he podido evitarlo, me he acordado otra vez de mi sueño de Londres, de cómo allí a Sofía también le gustaba Hugo. (Pero ¿a mí me gusta Hugo? ¡Lo de Londres fue un sueño! Pero... No puedo pensar con claridad, estoy demasiado preocupada por Lili...) Además, al cabo de un segundo Sofía también me ha abrazado.

Yo esperaba que Nico me dijera algo, pero resulta que él estaba en el borde del callejón. Y de repente nos ha hecho una seña para que nos acercáramos.

Yo: ***¿Qué ocurre, Nico?***

Él ha hecho «CHIIIIISSSSSSS» poniéndose el dedo índice delante de la boca, y nos ha vuelto a hacer un gesto con la mano para que fuéramos donde estaba él.

Tenía tanta curiosidad por saber qué ocurría que por un momento se me ha olvidado llorar.

Las chicas me han soltado, y Hugo también (ahora no puedo dejar de pensar en él...). Nico, sin decir nada, nos ha hecho un gesto para que nos acercáramos y ha señalado a dos señoras que estaban hablando cerca de donde estábamos nosotros. Las dos eran señoras mayores, una muy flaca y encorvada, la otra gorda y risueña. Las dos llevaban las mismas ropas lujosas que todo el mundo: la mujer flaca, un vestido negro con una cola muy larga y un sombrero con plumas también negras. La mujer gorda, un traje granate con un sombrero decorado con flores de papel.

La mujer gorda ha dicho:

Mujer gorda: ***Querida, ¿vamos a vernos mañana en el baile?***

Y la mujer flaca, abanicándose con un abanico ENORME, decorado con las mismas plumas que su sombrero, le ha respondido:

Mujer flaca: ***¡Por supuesto! ¡No me lo perdería por nada del mundo, el baile de máscaras de la marquesa! ¡Es el acontecimiento social del año! ¡Todo el mundo está invitado!***

Nada más escuchar lo que decían esas señoras, mis amigos y yo nos hemos mirado. ¡Estoy segurísima de que a los cinco se nos ha ocurrido la misma idea al mismo tiempo!

¡La marquesa! Cuando nos estaba gritando por lo de la valla, ¡dijo algo de un baile! ¡Y resulta que el baile era AL DÍA SIGUIENTE!

Y lo más importante: ¡ERA UN BAILE DE MÁSCARAS!

¡EN UN BAILE DE MÁSCARAS, COMO LLEVAS LA CARA TAPADA, NO HAY PELIGRO DE QUE NADIE TE RECONOZCA!

¡NI SIQUIERA LA POLICÍA!

¡ERA NUESTRA OPORTUNIDAD DE RESCATAR A LILI!

Después de escuchar a las dos señoras hablar de la fiesta, lo hemos visto claro: teníamos que regresar, y rápido. Asistir al baile de máscaras de la marquesa es, seguramente, nuestra última oportunidad.

Los cinco hemos regresado al callejón con cuidado de que nadie nos viera (¡especialmente la policía!). Hemos atravesado el pasadizo de ladrillos y por fin hemos llegado a mi habitación, cansados y asustados.

Yo todavía tenía ganas de llorar y la nariz roja (¡qué horror!). No paraba de preguntarme si Lili estaría bien, si estaría asustado, pero entonces me he dicho: *¡Martina! ¡Poniéndote triste no conseguirás ayudar a tu hermano peludo! ¡Lili confía en ti para que lo rescates!*

Por eso me he puesto de pie y he levantado el puño, como en las pelis cuando la protagonista va a jurar algo. Los demás me han mirado, supermotivados.

Yo: **¡CHICOS! ¡Es ahora o nunca!**

Los demás: **¡AHORA O NUNCA!**

Yo: **¡Vamos a darlo todo!**

Los demás: **¡SÍIIIIIIIIII!**

Yo: ***VAMOS A CUMPLIR NUESTRA MISIÓN...***

No he podido acabar mi discurso, porque entonces alguien ha llamado a la puerta.

Papá: **¿Martina? ¿Estáis todos bien?**

Justo en ese momento, la manecilla de la puerta se ha movido, ¡mi padre quería entrar! Yo me he quedado helada, temiéndome que nos descubrirían, pero Hugo (ay, Hugo...) y Lucía son SUPERLISTOS y SUPERRÁPIDOS y se han sentado justo frente al agujero en la pared en el momento en que mi padre entraba en mi habitación.

Mi padre se nos ha quedado mirando. Primero a mí, luego al resto de mis amigos. Lucía y Hugo parecían a punto de perder los nervios. Lucía no paraba de moverse y Hugo tenía una sonrisa horriblemente FALSA.

Papá: ***Estabais todos muy callados y de repente os habéis puesto a gritar. ¿Seguro que está todo bien?***

Nico ha dado un salto.

Nico: ***¡Por supuesto que sí! ¡No podría ir mejor!***

Sofía se ha adelantado. Yo he notado un pinchazo de miedo en el corazón porque me he preguntado: *¿Y si Sofía se chiva para que mi padre me castigue y así hacerme quedar mal delante de Hugo?*, y casi al mismo tiempo he pensado que no podía ser... ¡Sofía es mi amiga! ¡Por encima de cualquier chico!

Sofía: ***¡Eso! ¡Solo estábamos jugando!***

Uf, qué alivio... aunque justo después mi padre ha puesto esa cara que ponen los padres cuando no se creen una mentira, y me han entrado los nervios otra vez.

Papá: ***Sí, jugando...***

Ha clavado la mirada en la cama movida. Entonces se ha vuelto hacia mis amigos.

Papá: ***Chicos, ¿no deberíais estar ya en vuestras casas? ¡Es muy tarde!***

Y tenía razón: en cuanto he mirado a la ventana de mi cuarto me he fijado en que el cielo ya estaba oscuro. ¡Quién sabe cuánto tiempo llevábamos atrapados en el otro mundo! He abierto la boca para protestar. No quería descansar mientras Lili siguiera perdido, pero lo he pensado mejor. Viajar al otro mundo y colarnos en el baile de la marquesa iba a ser difícil. Necesitábamos PREPARACIÓN y PLANIFICACIÓN, y eso solo se consigue con... TIEMPO.

Yo: ***Tienes toda la razón, papá...***

A continuación, me he dado la vuelta hacia mis amigos, que ponían cara de no entender por qué le daba la razón a mi padre, pero entonces, aprovechando que no me veía porque estaba de espaldas a él, les he guiñado el ojo. Lo he hecho superlentamente, muy exagerado, para que vieran que era mejor seguirme la corriente.

Yo: ***Puede que hoy ya sea tarde, PERO... es que...***

Tenía que inventarme algo, y rápido.

Yo: ***¡TODAVÍA NO HEMOS ACABADO DE GRABAR EL VÍDEO! Por eso mañana tendre-***

mos que volver a quedar, ¿verdad que no hay problema con que vengan todos otra vez?

Papá: ***No, claro que no. Ya sabes que tus amigos siempre son bienvenidos...***

Ya lo había dicho antes: mi padre es GUAY. En el fondo. Antes de que lo repensara, he exclamado:

Yo: ***¡PERFECTO! Pues ¿nos vemos mañana, chicos? ¡Tenemos que preparar muchas cosas para eeeeeeeel (he vuelto a guiñarles el ojo otra vez) para el vídeo!***

Martina ha cambiado el nombre del grupo AVENTUREROS *por:*

MISIÓN DE RESCATE

Martina dice: **¡VALE, CHICOS! Siento que os hayáis tenido que marchar... necesitamos tiempo para planear las cosas y, además, no quería que mi padre se enfadara, porque así mañana podemos vernos otra vez.**

Sofía dice: **No te preocupes, Martina.**

Hugo dice: 

Martina dice: **¿Estáis todos seguros de que queréis participar en la misión de rescate?**

Hugo dice: **PUES CLARO.**

Nico dice: **¡ES LA AVENTURA MÁS GRANDE QUE HEMOS VIVIDO JAMÁS!**

Lucía dice: **¿Cuál es el plan?**

Nico dice: **Vamos a colarnos en el baile de máscaras, ¿no?**

Martina dice: **¡SÍÍÍ! PERO NECESITAMOS COSAS!**

Hugo dice: **¿De dónde vamos a sacar máscaras para entrar?**

Nico dice: **¿Pero nos dejarán entrar así, tal cual?**

Martina dice: **Las señoras decían que TODO EL MUNDO estaba invitado.**

Martina dice: **Pero vale, sí. Las máscaras me parecen superimportantes.**

Sofía dice: **Yo tengo una máscara de bruja que usé para el pasado Halloween. ¡Podemos usarla!** 

Martina dice: **Yo creo que no es un baile de ESE tipo de máscaras, eh...**

Sofía dice: **¿Y cómo es entonces?**

Hugo dice: **Si todo lo que hemos visto en ese mundo tan raro era como salido de una película de esas de época, con los caballos y tal... las máscaras también, ¿no?**

Lucía dice: **¡Máscaras y disfraces! Yo me imagino que habrá que llevar disfraces también, ¿no?**

Sofía dice: **¿Pero traigo la máscara de Halloween o no?**

Martina dice: **Sofía, la máscara de bruja creo que no sirve... creo que tienen que ser máscaras como... ¡superelegantes!**

Lucía dice: **Pues los vestidos también, ¿no? ¡Podemos ser valientes, aventureros Y elegantes!**

Hugo dice: **Chicos, yo creo que en casa tengo máscaras elegantes de esas.**

Martina dice: **¡¿EN SERIO, HUGO?!**

Hugo dice: 

Martina dice: **VALE, CHICOS, HUGO TRAE LAS MÁSCARAS. AHORA NECESITAMOS VESTIDOS.**

Lucía dice: **Sofía y yo podemos buscar los vestidos. ¡Tenemos un montón de cosas de carnaval y Halloween!**

Nico dice: **¡Pero que no sean vestidos de bruja!**

Sofía dice: 

Martina dice: **VALE, ¡DECIDIDO! ¿Y yo qué llevo?**

Lucía dice: **No lo sé.**

Hugo dice: **¡PIENSA EN ALGO QUE PODAMOS NECESITAR!**

Martina dice: **VALE, VALE. HASTA MAÑANA, CHICOS. ¡MUCHAS GRACIAS! ¡Y AHORA MANOS A LA OBRA, TENEMOS UN MONTÓN DE COSAS QUE PREPARAR!**

¡LILI, AGUANTA! ¡VAMOS A SALVARTE!

Ha sido una noche dura. Mucho más de lo que pensaba... no solo porque la mayoría de las veces Lili duerme conmigo en mi habitación y LO HE ECHADO HORRIBLEMENTE DE MENOS, sino porque también lo han echado de menos mis padres.

A la hora de cenar me han preguntado dónde estaba mi hermano peludo y casi no he podido aguantarme las lágrimas. Les he dicho que seguía en mi habitación, durmiendo.

Los gatos duermen UN MONTÓN DE HORAS, así que aunque mis padres parecían un poco mosca, me he salvado de esta.

Luego me han preguntado qué tal iba la preparación de mi vídeo para Musical.ly y yo lo único que he podido hacer es poner mi mejor SONRISA DE NIÑA BUENA y decir que muy bien, que mañana mis amigos y yo lo íbamos a terminar.

Igual cuando sea mayor podría ser actriz porque DISIMULO MUY BIEN. Mientras les decía todas estas cosas a mis padres, no podía parar de pensar en la misión de rescate.

El plan tiene que funcionar SÍ O SÍ

EL DÍA DEL RESCATE

Me he despertado nada más salir el Sol. No podía dormir, pero mis amigos no llegarán hasta después de la hora del desayuno, así que he tenido mucho tiempo para preparar la misión.

Lucía y Sofía traen los vestidos, los chicos las máscaras. ¿Y yo?

Pues tengo mi mochila del cole y la he llenado de todo lo que se me ha ocurrido que podía ser útil.

He metido:

☆ **UNA CUERDA:** En realidad no es una cuerda, sino una comba de saltar pero da igual, ¿no? Si la hubiéramos tenido la primera vez que entramos en el mundo antiguo habríamos saltado la valla para rescatar a Lili sin problemas y ahora no estaríamos metidos en este lío.

☆ **SILBATOS:** Cinco, uno para cada uno. Los tenía guardados en un cajón de mi escritorio y ni siquiera recuerdo por qué. ¡Da igual! Aunque no se me ocurra para qué, ¡nos pueden ser útiles!

☆ **UNA LINTERNA:** Las del teléfono están bien, pero quién sabe.

Y el espacio que me sobraba lo he llenado de... COMIDA.

Primero, porque las aventuras dan mucha hambre. Y segundo, porque mis amigos van a llegar justo después del desayuno, y no sabemos cuánto tiempo tendremos que esperar hasta que sea hora de ir al baile de máscaras. Por eso, aprovechando que mis padres seguían dormidos, me he colado en la cocina de mi casa y me he llevado todo lo que he podido: galletas (de chocolate, sin chocolate, y de limón), patatas, un paquete entero de magdalenas, *crackers* salados, una tableta grande de chocolate con leche, bollos con pepitas de chocolate. Cuando he acabado de llenarla, la mochila pesaba un montón, pero he decidido no quitar nada. ¡Imaginad que luego, en ese mundo extraño, nos hace falta alguna de esas cosas!

¡Mis amigos ya han llegado! Y lo han hecho superpuntuales y SUPERCARGADOS. Lucía y Sofía, con dos maletas enooormes, casi no podían cargar con ellas, y Hugo y Nico también llevaban cada uno una bolsa grande.

Mis padres, cuando les han abierto la puerta, se han quedado un poco alucinados.

Papá: **Vais muy cargados, chicos...**

Yo creo que, cuando mi padre ha preguntado eso, hemos estado a punto de delatarnos porque todos hemos puesto UNAS CARAS DE SUSTO tremendas. Por suerte, yo ya tenía la respuesta preparada:

Yo: **¡CLARO, PAPÁ! ¡Es que necesitamos muchas cosas para el vídeo!**

Si yo no hubiera hecho ningún vídeo en la vida supongo que sí, que se habrían extrañado un montón, pero es que yo hago muchos muchos vídeos, y ya saben que siempre quiero que queden PERFECTOS.

Nos ha costado un poco subir todas las cosas por las escaleras hasta mi habitación pero, cuando por fin lo hemos conseguido... tengo que decir que mis amigos son los mejores. ¡Los mejores! Porque todo lo que han traído era fabuloso. Cuando Nico nos ha enseñado las máscaras, ¡se me ha escapado un grito y todo! ¡Eran máscaras venecianas!

¿Que qué es una máscara veneciana?

Pues Venecia es una ciudad que está en el norte de Italia, es maravillosa, superromántica. La ciudad se construyó sobre una laguna, así que en vez de calles hay... ¡canales! Y la gente va en barco de un lado al otro. En Venecia cada año es famosísimo su carnaval, donde la gente se disfraza con ropa de época y llevan máscaras y antifaces.

Nico: ***Las trajimos de Venecia cuando fuimos allí el año pasado...***

Nico ha traído tres máscaras pequeñas, que solo cubren hasta la nariz. Una está decorada con flores pintadas, otra es toda blanca con unos volantes de tela alrededor y la otra es negra con plumas. Luego hay dos máscaras grandes, una que da un poco de miedo, porque es roja y tiene una nariz larguísima como si fuera el pico de un pájaro, y la otra es una máscara muy redonda, con las mejillas hinchadas.

Y luego está la ropa que han traído Lucía y Sofía. ¡Cinco disfraces de princesa! Estaba el disfraz de Bella de *La Bella y la Bestia*, y los otros eran de Cenicienta, de Elsa de *Frozen*, de Rapunzel y de Blancanieves.

Lucía: **Eran los disfraces más elegantes que teníamos...**

Lo ha dicho como si quisiera disculparse, pero a mí me han parecido PERFECTOS, porque se parecían mucho al tipo de ropa que llevaba la gente del mundo al otro lado del Pasadizo secreto. Claro que, entonces, he visto la cara de Nico.

Nico: **Pero ¡son disfraces de chica!**

Sofía: **¡Es que no tenemos de chico!**

Se ha defendido ella.

Nico: **Pero ¡no podemos ponernos ropa de chica!**

Nico tenía la cara roja y ha dado un paso hacia la puerta de la habitación, como si quisiera marcharse. Entonces Hugo también se ha puesto de pie. Me ha dado miedo que él también quisiera marcharse por esa tontería. ¡Porque es una tontería! ¿Qué problema hay con que sean disfraces de princesa? ¿Qué problema hay con que un chico se vista de chica? ¡Las chicas nos disfrazamos de chico todo el tiempo y no pasa nada! Pero Hugo lo único que ha hecho es encoger los hombros.

Hugo: **No importa que sean disfraces de chica. Vamos, Nico, no seas tonto.**

(Vale, tengo que decirlo, me ENCANTA Hugo por cosas así. ¡Es el mejor!)

Nico todavía ha dado un paso más hacia atrás. La habitación se ha quedado totalmente en silencio. Yo enseguida he comenzado a agobiarme, ¡estábamos perdiendo el tiempo! Pero entonces Nico ha vuelto a mirar los vestidos y ha soltado un suspiro como si se deshinchara.

Nico: **Vale...**

Ha dicho muy flojito.

Los demás hemos dado un grito de alegría, pero ha sido un grito muy corto (aunque estoy CONTENTÍSIMA de que Nico al final haya entrado en razón) porque teníamos muuuchas cosas que hacer. Como probarnos los vestidos.

PASE DE MODELOS

MARTINA: Para mí, el vestido de Bella, que es amarillo dorado. Me queda un poco corto, pero aparte de eso da bastante el pego para un baile de máscaras. Y hablando de máscaras... la que mejor quedaba con el vestido de Bella era el antifaz negro con plumas.

LUCÍA: Ha elegido el disfraz de Elsa, porque dice que el azul es su color favorito. Le queda PERFECTO (claro, ¡porque el disfraz es suyo!) y lo ha combinado con el antifaz blanco con volantes.

SOFÍA: Lo ha estado pensando mucho rato y al final se ha puesto el vestido de Rapunzel, que es morado y negro. Es el que yo quería, pero no me ha importado mucho. Ya me ha importado un POQUITO más cuando le ha preguntado a HUGO si le quedaba bien el vestido y él ha dicho que SÍ (que, claro, era verdad). Luego se ha estado un buen rato mirando las máscaras, hasta que ha elegido la roja con una nariz larguísima. Ha dicho que le ha parecido chulísima, y aunque no combinaba mucho con el color del vestido, estaba supercontenta con su elección.

HUGO: El vestido de Blancanieves. A Hugo sí le iba pequeño el vestido, porque es muy alto y tiene los hombros anchos, pero no le ha importado en absoluto: al ver que el vestido no le cerraba por detrás y que la falda no le llegaba ni a los tobillos se ha echado a reír y se ha puesto el antifaz decorado con flores.

NICO: Para Nico ha quedado el vestido de Cenicienta, azul, con la máscara de mejillas hinchadas. Cuando se lo ha puesto, estábamos todos sufriendo por si se volvía a echar para atrás, pero se ha vestido como todos los demás. Luego se ha mirado en el espejo grande que tengo en la puerta del armario de mi cuarto y ha dicho que sí con la cabeza.

¡Qué alivio!

Para acabar de zanjar el asunto, Hugo se ha acercado a Nico y le ha pasado un brazo alrededor de los hombros.

Hugo: **¡Estamos geniales!**

Le ha dicho a Nico, y luego se ha vuelto hacia nosotras:

Hugo: ***Y vosotras, chicas, ¡estáis guapísimas!***

¡BUM! Este es el sonido que, en mi cabeza, ha hecho el sonrojo que me ha subido a las mejillas de repente. No he podido evitarlo; he mirado a Sofía, y resulta que ella me estaba mirando a mí. ¡Otra vez lo mismo! Me ha gustado que Hugo dijera que estábamos guapas, y a la vez (además, creo que a Sofía le ha ocurrido igual) habría preferido que me lo dijera solo a mí.

En fin... tenía que centrarme en lo importante, en la misión. La verdad, a mí me parecía que estábamos todos geniales con nuestros disfraces, salvo por un detalle... ¡LOS ZAPATOS! No teníamos zapatos de princesa. ¡Teníamos zapatillas de deporte!

Pero bien pensado, si la operación de rescate iba como la última vez que entramos por el pasillo... ¡mucho mejor que pudiéramos correr!

Vale, ya hemos elegido nuestros vestidos, las máscaras y hemos visto que todo estaba correcto. Luego, nos hemos vuelto a vestir con nuestra ropa normal porque NO ES PLAN de entrar en el otro mundo ya con la ropa del baile... Hemos metido los vestidos y las máscaras en sus bolsas y entonces me he vuelto hacia mis amigos:

Yo: **Chicos, ¿preparados?**

He estirado la mano hacia delante y uno a uno han puesto una mano sobre la mía, como hacen los equipos de baloncesto antes de un partido importante. Luego, todos hemos gritado a la vez:

¡AL RESCATE!

¡SOCORRO! ¡QUÉ MIEDO MÁS HORRIBLE!

Quizá tenga que explicar qué ha pasado. Y lo que ha pasado ha sido rarísimo. Más raro que todo lo que ya ha ocurrido, quiero decir.

Hemos apartado mi cama y hemos quitado el trozo de papel pintado que escondía el túnel secreto. Yo he ido delante sin pensarlo. Desde mi habitación me he metido por el agujero, y de allí al pasadizo de ladrillos viejos. Como las otras veces, se veía una luz al fondo, pero cuando he salido... ¡resulta que he salido a través del agujero en un árbol!

No es broma: un árbol.

Mis amigos, que han llegado justo detrás de mí, se han quedado tan boquiabiertos como yo. No estábamos ni en una calle antigua ni en una ciudad futurista, sino ¡EN UN BOSQUE!

Y era el bosque más bonito que había visto en mi vida.

Casi parecía una selva. No he podido evitarlo, he dado un par de pasos hacia delante. A nuestro alrededor no había más que árboles gigantescos, altísimos. Parecían una especie de pinos, aunque yo nunca había visto pinos así de enormes. El suelo estaba cubierto de hojas secas y helechos tan grandes que me llegaban por encima de la cabeza.

Además, todo estaba en silencio. Sofía ha dado un paso hasta colocarse a mi lado.

Sofía: ***¿Dónde estamos? ¿Dónde está la calle antigua?***

Hugo: ***No lo sé... ¿No os parece que falta algo?***

Sofía: ***Tengo un poco de miedo... ¡Qué bosque más tenebroso!***

Entonces Sofía se ha pegado mucho a Hugo, como si quisiera que él la protegiera, y yo he tratado de no darle importancia y, al contrario que Sofía, parecer valiente.

Yo: ***Pues a mí no me da miedo, aunque sí es raro, falta algo... pero no sé qué.***

Nico: ***¡Un poco de aire fresco! ¡Hace muchísimo calor!***

¡Nico tenía razón: hacía un calor horroroso! Hugo se ha dado la vuelta hacia mí, apartándose de Sofía.

Hugo: ***No sé, en este bosque hay algo que no me cuadra.***

Los demás también han comenzado a moverse por ese bosque, parecía un lugar de cuento de hadas. Hugo se ha acercado a mirar esos helechos gigantes que crecían por todas partes, y Lucía se ha puesto al lado de uno de los árboles para ver lo alto que era.

El bosque era tan bonito que casi casi por

un momento se me ha olvidado nuestra misión... Pero entonces, Nico ha dicho:

Nico: ***¡Eh, chicos, mirad!***

Estaba arrodillado a los pies de un tronco caído y ha señalado encima del tronco. Allí había... un ratón, o algo que parecía un ratón, pero con el morro muy largo y lleno de dientecillos pequeños.

Todos nos hemos acercado enseguida, y ese ratón tan raro se ha quedado mirándonos supertranquilo durante un rato. Y entonces, se ha marchado de un salto.

Que a ver, los ratones yo creo que son animales muy asustadizos, así que no tendríamos de qué preocuparnos si no fuera porque el ratón se ha marchado cuando un crujido horrible ha sonado por todo el bosque. ¿Qué estaba pasando?

Hugo ha sido el primero en levantarse.

Hugo: ***¡Ya lo sé! ¡Ya sé qué está mal! ¡No se oyen pájaros en este bosque!***

Hemos oído otro crujido mucho más fuerte.

¡PASOS!
¡PASOS DE ALGO GRANDE ACERCÁNDOSE!

Todos a la vez nos hemos vuelto hacia el sonido. ¡Estaba muy cerca!

Entonces, entre los helechos ha aparecido un monstruo.

No, un monstruo no: ¡UN DINOSAURIO!

Era grande como un elefante, caminaba hacia nosotros usando las dos patas traseras, y justo donde la espalda se juntaba con su cola tenía una cresta que no era de un color verde pardo como el resto del dinosaurio, sino de colores vivos. Todavía no sé cómo puedo acordarme de qué aspecto tenía ese monstruo, porque en el momento de verlo llegar a donde estábamos nosotros, solo podía estar pendiente de su boca gigantesca y llena de dientes que se nos acercaba a toda velocidad. Entonces, he reaccionado y he chillado a mis amigos:

Yo: **¡CORRED!**

El dinosaurio casi estaba encima de nosotros, se ha lanzado por entre los árboles haciendo un ruido horrible, como el frenazo de un coche. Por suerte no nos habíamos alejado casi nada del tronco agujereado por el que habíamos salido. Mis amigos y yo nos hemos metido de cabeza dentro del agujero en el árbol, gritando de miedo. Mientras corríamos por el pasillo de ladrillos viejos hemos notado un temblor muy fuerte.

Yo no quería volverme a verlo, pero lo he hecho: y resulta que el dinosaurio estaba golpeando la entrada del túnel con ese hocico lleno de dientes.

RÁPIDO, ¡RÁPIDO!

He empujado a Sofía, que era la persona que tenía más cerca, y los cinco hemos salido en estampida del túnel. Teníamos tanta prisa por abandonar el pasadizo secreto que hemos acabado de romper los ladrillos que quedaban en los bordes del agujero. ¡Ahora era todavía más grande! Casi no hemos tenido que ponernos de acuerdo: entre todos hemos empujado mi cama contra la pared para tapar el agujero.

Nos hemos quedado tirados en mi habitación, COMPLETAMENTE ALUCINADOS.

Y muy asustados, claro. Sofía y Lucía estaban superpálidas, casi blancas. Y Nico no paraba de mirar hacia donde estaba el agujero en la pared de mi cuarto, como esperando que ese monstruo horrible nos alcanzara. El único que parecía casi contento era Hugo.

Hugo: ***¡HEMOS IDO AL TIEMPO DE LOS DINOSAURIOS! ¡POR ESO NO SE OÍAN PÁJAROS EN EL BOSQUE! ¡EN ESA ÉPOCA NO HABÍA! ¡ES UNA PASADAAAAAAAAA!***

Hemos tardado un buen rato en volver a entrar por el pasadizo secreto. Ninguno de los cinco nos atrevíamos, por si volvíamos a encontrarnos con el dinosaurio. Incluso yo, que no me asusto de nada, he tenido que pensarlo mucho antes de ponerme de pie.

Yo: **Chicos, tenemos que volver a intentarlo...**

He intentado que la voz me sonara normal, aunque reconozco que me temblaba un poco. Y no solo por el dinosaurio (no podía quitarme de la cabeza ESA BOCA LLENA DE DIENTES. Seguro que tendré pesadillas), sino por algo que nada más entrar en ese bosque prehistórico había comenzado a temer:

SI CADA VEZ QUE PASAMOS POR EL túnel SECRETO ESTE CONDUCE A UN LU-

GAR NUEVO, ¿CÓMO VAMOS A ENCONTRAR EL MUNDO EN EL QUE ESTÁ PERDIDO LILI?

Y mi miedo se ha confirmado casi enseguida. Los cinco hemos vuelto a entrar en el túnel. (Como al salir huyendo del dinosaurio hemos roto los bordes del agujero en la pared, ha sido superfácil.) Íbamos con mucho cuidado y, al llegar al final del pasadizo de ladrillos, nos ha deslumbrado una luz fortísima.

Estábamos en un desierto. No uno de esos con dunas y camellos, sino un desierto de rocas, sin nada de vegetación salvo unas plantas pequeñísimas y con las hojas como tubos. Toda la tierra y las rocas eran de un color rojizo, mientras que el cielo era el cielo más azul que había visto en mi vida. Me ha parecido ver, muy muy lejos, algo brillando, como el reflejo en un cristal, como si a muchos kilómetros de distancia hubiera una ciudad. Si en el mundo de los dinosaurios hacía calor, en este nos habríamos asado si hubiéramos estado más de cinco minutos.

Pero no nos hemos quedado en el desierto tanto tiempo. Hemos regresado al túnel, que quedaba escondido bajo una roca, y hemos vuelto a mi cuarto. Puede que, al hacerlo, hayamos dejado mi habitación llena de tierra y piedrecitas, pero en ese momento no le he dado ninguna importancia. ¡Tenía cosas más urgentes en las que pensar!

No he dado tiempo a mis amigos ni a descansar. Me he vuelto a meter por el túnel sin esperar a que me siguieran. Aunque lo han hecho, claro. ¿Para qué están los amigos si no?

Esta vez sí nos hemos encontrado en una ciudad. O por lo menos, el pasadizo de los ladrillos desembocaba en una calle donde había casitas bajas con los techos hechos de paja. Caminando por en medio de ella había mucha gente. Hombres y mujeres, pero también un caballo muy grande tirando de un carro lleno hasta arriba de heno, y gallinas, ¡y hasta un cerdo! Las personas de este nuevo mundo iban vestidas con ropa supersencilla y no muy bonita, toda de colores muy apagados.

Sofía: **¿Sabéis a qué me recuerda esto?**

Todos nos hemos vuelto hacia ella. Sofía entonces ha sacudido la cabeza, señalando hacia el final de la calle. Al final de todo, sobre una colina, ¡había un castillo!

Sofía: **¿En qué época había castillos como esos?**

Yo lo he adivinado enseguida. ¡Esto lo hemos estudiado en la escuela! ¡En clase de historia!

Yo: **¡Estamos en la época medieval!**

Lo he dicho sin dudarlo. Y tendría que haberlo hecho, porque al instante, un señor que iba caminando por la calle justo delante de nosotros se ha vuelto para mirarnos.

Solo hemos tenido tiempo de ver cómo se le ponía una cara de sorpresa enorme, porque luego nos hemos apresurado a regresar al túnel secreto.

¡Ya teníamos suficientes problemas!

Bueno, después de ese nuevo viaje por el túnel secreto, nos ha quedado clara una cosa:

EL PASADIZO CONDUCE CADA VEZ A UN LUGAR DISTINTO.

No solo a un lugar distinto, en realidad, sino que cada uno parecía de una época diferente. Lo apunto aquí para ver si hay algún tipo de patrón, un orden que nos indique cómo regresar al mundo donde está Lili:

- El primero fue una ciudad hecha de metal y luces, con naves espaciales. ¡El futuro!

- La segunda fue aquella ciudad elegante con casas de colores. Es donde se perdió Lili y a la que queremos regresar. Parecía el pasado, pero no un pasado muy lejano.

☆ Luego, ¡EL MUNDO DE LOS DINOSAURIOS! (Al que no me haría mucha ilusión volver. ¡Qué miedo!) Pasado, pasadísimo.

☆ El desierto. Tampoco me pasaría allí mucho tiempo más, ¡con ese calor! Ni idea de qué época era.

☆ El mundo del castillo, la época medieval.

No parece que los mundos estén «en orden», así que... no tengo ni idea de qué vamos a hacer.

Cualquiera, llegados a este punto, habría tirado la toalla. Incluso yo.

Al regresar del mundo con el castillo me he sentado en mi cama. No solo me dolía el cuerpo (de tanto huir de dinosaurios hambrientos y trepar por el túnel... ¡claro!), sino que también me notaba una punzada en el pecho, una punzada... de pena. ¿Cómo íbamos a encontrar a Lili si cada vez que entrábamos por ese dichoso agujero aparecíamos en un lugar y una época distintos?

Al final he acabado echándome sobre mi cama. No quería llorar otra vez, como el día anterior, cuando perdimos a mi hermano peludo, pero comenzaba a costarme respirar, y me picaban los ojos y la nariz. Por lo menos ayer teníamos un plan, pero en ese momento no teníamos nada. ¡Nada!

Eso mismo se lo he dicho a mis amigos, cuando empezaban a saltárseme las lágrimas.

Lucía se ha sentado a mi lado en la cama.

Sofía al otro. Hugo y Nico seguían de pie delante de mí, con cara preocupada.

Bueno..., ha dicho Lucía, muy flojito. *Nos tenemos a nosotros...*

Y me he dado cuenta de que mi amiga tenía razón.

Al final, hemos llegado a una conclusión: tenemos que seguir intentándolo. Mientras se intentan las cosas, todavía tienes posibilidades de conseguirlas. Si te rindes... entonces sí está todo perdido.

¡NUNCA HAY QUE RENDIRSE!

Hemos seguido entrando en el Pasadizo secreto toda toda la mañana. ¡Sin parar! Estábamos seguros de que tarde o temprano regresaríamos al mundo del baile de máscaras y... no ha habido suerte.

De momento, no.

MUNDOS QUE HEMOS ENCONTRADO HASTA AHORA (no están todos, pero están los más raros o los más impresionantes):

☆ Un mundo blanco. Todo era blanco: el suelo, los edificios, las túnicas largas que llevaba la gente. Cuando hemos llegado, los habitantes de ese mundo estaban haciendo una especie de fiesta, o un desfile, o algo así. Delante iban unos vestidos con unos trajes distintos y llevaban unos broches que, Sofía está segura, estaban hecho de oro, y después músicos, y gente que bailaba, y un señor de aspecto importante (¡y vestido de blanco también!) montado en un carro de caballos. Nos hemos quedado un rato a ver el desfile desde el callejón, bien escondidos. No sé si Sofía lo ha hecho a propósito, pero se ha quedado al lado de Hugo todo el rato.

☆ ¡Un mundo en guerra! Este nos ha asustado mucho, no nos hemos quedado más que unos segundos porque nada más atravesar el PASADIZO hemos escuchado un estruendo. ¡Una bomba! Justo delante de nosotros, las casas del callejón al que hemos llegado se han derrumbado, y hemos tenido que volver atrás.

☆ Un mundo helado. No, en serio, congelado DEL TODO. Igual que en el mundo de los dinosaurios, el PASADIZO secreto no nos ha conducido a un callejón de una ciudad, sino a través del hueco de un árbol. Los cinco hemos caído sobre un montón de nieve y hacía un frío HORROROSO. Y de repente hemos escuchado un ruido. Cerca de nosotros hemos visto unos

animales enormes, como elefantes gigantescos (¡más de lo que son los elefantes normales! Y muy peludos). Hugo, a quien resulta que le gustan mucho estas cosas (¡se lo tenía superescondido! Y no sé por qué, a mí me parece superinteresante que le gusten las cosas de historia, y de ciencia, y de animales extinguidos), ha dicho que esos animales eran mamuts. Hemos tenido que arrastrarlo hacia el pasadizo. En realidad, Sofía ha ido a cogerlo por el brazo para tirar de él, pero como antes, en el mundo del desfile, se ha estado todo el rato a su lado, esta vez me he adelantado y lo he hecho yo.

Y todavía hay más: hemos entrado en un mundo casi casi como el nuestro con la excepción de que tenía el cielo de color amarillo chillón, y luego otro en el que por la calle no caminaban personas sino... ¡robots! Y otro mundo que primero parecía un bosque pero luego nos dimos cuenta de que las casas estaban... ¡en las copas de los árboles!

Pero ¿y el mundo del baile de máscaras? Ese no lo hemos encontrado.

Al mediodía estábamos exhaustos. Ya ni siquiera entrábamos todos en el Pasadizo, sino que hacíamos turnos para poder descansar.

A la hora de comer, hemos escuchado unos golpecitos en la puerta de mi habitación. SUERTE que justo en ese momento estábamos todos, Sofía y Lucía acababan de regresar de un mundo tan lleno de niebla que no podían ver nada, porque después de los golpecitos mi padre ha comenzado a abrir la puerta.

Digo que ha «comenzado a abrir» porque todos hemos corrido a cerrarla a la vez.

Por suerte mi padre no venía a ver qué estábamos haciendo, sino a decir que, como se había hecho tarde, invitaban a mis amigos a comer una de mis comidas preferidas en el mundo: ¡PIZZA!

Al principio pensaba que, por culpa de los nervios, no podría comer nada... hasta que nos hemos sentado los siete (mi padre, mi madre, mis amigos y yo) a la mesa del salón y he visto que mis padres, además, habían pedido mis pizzas favoritas. Entonces me he percatado del hambre que tenía. ¡Y mis amigos también! Yo creo que mis padres incluso se han asustado un poco porque no paraban de mirarnos mientras devorábamos toda la pizza de la mesa, que era un mogollón, en cuestión de minutos.

Es una de las cosas que siempre digo: las aventuras dan hambre.

Después de comer les he dicho a mis padres que teníamos que seguir trabajando en el vídeo, y mis amigos y yo hemos regresado a mi habitación con las energías renovadas.

Hemos seguido entrando en más y más mundos. Algunos muy raros, otros casi como el nuestro.

Y de repente, cuando ya comenzaba a desanimarme, cuando pensaba que quizá sí era momento de perder la esperanza... he cruzado el agujero en la pared de mi cuarto, he caminado por el PASADIZO de ladrillos viejos, y entonces he llegado a un lugar donde el suelo brillaba con una luz fluorescente y los edificios eran altísimos y metálicos.

¡EL PRIMER MUNDO!

He regresado CORRIENDO a mi habitación. Puede que con las prisas todavía haya roto un poco más los bordes del agujero en la pared, pero no me importaba mucho.

Yo: ***¡CHICOS! ¡CHICOS! ¡CHICOOOOOO-OOOS!***

Estaba tan contenta que no podía dejar de gritar.

Yo: **¡Lo he encontrado!**

Mis amigos se han puesto a mi alrededor, contentísimos. Lucía ha preguntado:

Lucía: ***¿Has encontrado el mundo del baile de máscaras?***

Yo: ***¡NO! HE ENCONTRADO EL PRIMER MUNDO EN EL QUE ENTRÉ!***

Mis amigos se han quedado callados un momento, como si no entendieran por qué estaba tan contenta, así que he decidido decírselo sin más:

Yo: **¡Rápido! ¡Coged las cosas! ¡Vamos a entrar otra vez! *¡SI HE REGRESADO AL PRIMER MUNDO AL QUE VIAJÉ, SIGNIFICA QUE EL SIGUIENTE TIENE QUE SER EL DE LAS MÁSCARAS!***

PERO NO. LO. ERA.

Cargados con las máscaras, los vestidos y mi mochila, que seguía llena de comida y las demás cosas útiles, nos hemos metido por el agujero en la pared. Y resulta que hemos llegado a un mundo que NO era el del baile de máscaras, sino otro bosque, aunque esta vez sin dinosaurios a la vista (por suerte).

Hemos regresado a mi cuarto. Me bullía la cabeza, no entendía qué había podido ir mal... Les he dicho a mis amigos, más abatida de lo que había estado nunca:

Yo: ***¡Estaba convencida de que el siguiente mundo era el correcto!***

Todos han comenzado a decir que no pasaba nada, que acabaríamos por conseguirlo. Todos menos Lucía. Ella se ha quedado muy callada y, sin decir nada, ha vuelto a meterse en el PASADIZO secreto. Y casi inmediatamente ha vuelto a salir. Entonces se ha quedado un momento callada, mirando su reloj de pulsera, y luego ha entrado otra vez. Al regresar, ha dicho:

Lucía: ***Chicos, tengo una teoría...***

Entonces se ha sentado a mi lado y ha preguntado:

Lucía: ***Martina, ¿a qué hora cruzaste el pasadizo por primera vez ayer?***

Yo no he entendido a qué venía esa pregunta ahora, pero me he cruzado de brazos tratando de recordar.

Yo: ***No lo sé... fue ayer por la tarde...***

Lucía me ha interrumpido.

Lucía: ***No... a qué hora exacta. Porque me acabo de dar cuenta de una cosa. Hace un momento, cuando me he metido en el túnel justo después de que saliéramos, he regresado a ese mundo de bosque. Pero cuando lo he intentado otra vez al cabo de un minuto, ya era un mundo nuevo.***

Y mientras Lucía hablaba, yo sentía cómo las piezas encajaban dentro de mi cabeza, ya sabía lo que Lucía quería decir.

Yo: ***Espera, espera. ¿Has entrado dos veces superseguido y las dos veces has llegado al mismo sitio?***

Lucía: ***Sí. Pero a la tercera, ya no. Y eso puede querer decir...***

Hugo ha saltado de repente:

Hugo: ***¡Que el lugar al que llegamos depende de la hora!***

A mí se me ha escapado un grito. ¡Es precisamente lo que estaba pensando! ¡La hora!

Pero ¿cómo sabremos exactamente a qué hora entré en el túnel por primera vez?

Un momento: el vídeo, ¡claro! Encontré el agujero en la pared porque intentaba grabar un musical.ly, así que, si lo que pensamos Lucía y yo es cierto, debí de entrar en el túnel muy poco después del momento en que se hizo el vídeo...

Estaba tan nerviosa que casi se me cae el teléfono al sacarlo del bolsillo del pantalón. Los dedos apenas me respondían, no paraba de apretar donde no era, pero al final he logrado abrir el vídeo.

Yo: **¡El vídeo lo grabé ayer casi a la misma hora en la que estamos en este momento!**

Hugo: **Entonces, ¡puede que sea así como funciona el pasadizo secreto!**

Yo: **¡Ahora solo nos falta saber en qué minuto exactamente entramos en el mundo del baile de máscaras! ¡Y vamos a rescatar a Lili!**

Todos nos hemos puesto a gritar a la vez, pero solo hasta que Sofía nos ha hecho callar.

Sofía: **¡Chissssss, Martina! ¡Tus padres!**

¡Tenía razón! ¡Lo último que queríamos era que mis padres nos interrumpieran ahora que estábamos tan cerca!

Casi inmediatamente nos hemos quedado todos callados, mirándonos entre nosotros. Si lo que Lucía había dicho era cierto, era cuestión de segundos entrar en un mundo o en otro...

En ese preciso momento Nico se ha dado una palmada en la frente, tan fuerte que nos ha dado un susto.

Nico: **¡Padres!**

Ha dicho, con los ojos muy abiertos. Primero no entendía qué quería decir, pero entonces Nico ha sacado el teléfono del bolsillo.

Nico: **¡No os acordáis? ¡Justo antes de pasar por el agujero, mi padre me mandó un mensaje para sa-**

ber si me quedaría mucho rato en tu casa, Martina! ¡Ahora solo tenemos que mirar exactamente a qué hora lo recibí...

La tecnología ¿mola o no mola? Nico tenía toda la razón, hemos mirado su teléfono, y allí estaba el mensaje de su padre, y la hora.

Y resulta... resulta que en treinta minutos exactamente teníamos que pasar a través del Pasadizo secreto.

¡TENEMOS QUE PREPARARNOS YA!

Vestidos: Listos.

Máscaras: Preparadas

Mochila con todo lo demás: Colocada a la espalda.

Nos hemos vestido con los disfraces que habíamos elegido cada uno y nos hemos puesto las máscaras.

Voy a decir una cosa con respecto a las máscaras: PESAN UN MONTÓN. Nico se ha disculpado, nos ha dicho (¡no podría haberlo dicho antes, no!) que seguramente no estaban pensadas para ponérselas, porque sus padres las tenían colgadas en una pared. Las que tenían forma de antifaz (la mía, la de Lucía y la de Hugo) al menos podíamos sujetarlas bien con una cinta. Sofía, con esa máscara de la nariz larga, tenía que aguantársela todo el rato con una mano para que no se le cayera.

Pero ya no teníamos tiempo de encontrar máscaras nuevas, así que estas tendrían que valer.

Los últimos minutos los hemos pasado muy quietos, mirando el reloj. No podíamos perder la oportunidad. Si entrábamos ni que fuera un segundo tarde por el túnel...

No quería ni pensar en eso. ¡Lili tendría que pasar otro día entero en ese lugar extraño!

A medida que se acercaba la hora, me ha comenzado a doler el estómago de los nervios. Me daba la impresión de que el tiempo pasaba cada vez más, máááááááááás y más lento, que no llegaría nunca el momento de cruzar el pasadizo secreto.

Pero ha llegado.

Un minuto antes de la hora, nos hemos puesto todos en fila frente al agujero en la pared. Yo iba la primera, y detrás de mí estaban Lucía, Sofía, Hugo y Nico. Me he dado la vuelta un momento para mirarlos, y casi me emociono al ver que mis amigos estaban tan decididos como yo a completar la misión de rescate.

Nico, que era el encargado de controlar el teléfono, ha gritado:

Nico: **¡AHORA!**

Me he lanzado de cabeza al agujero, con tantas ganas que me he raspado las rodillas al caer dentro del pasadizo secreto. Pero ¿me importaba? Pues la verdad es que no, porque me he puesto de pie y he comenzado a caminar por el túnel de ladrillos preguntándome si funcionaría, si cuando llegara a la luz que se veía al final por fin encontraríamos el mundo del baile de máscaras...

No me he dado la vuelta, pero podía oír cómo mis amigos habían entrado en el túnel conmigo.

Al final del pasadizo de ladrillos, hemos llegado a un callejón. El suelo era de tierra y las casas a los lados, de ladrillo y madera. Al asomarnos al final del callejón hemos visto una calle conocida, con palacios de colores y gente vestida con ropa elegante, paseando.

¡LO HEMOS CONSEGUIDO! ¡POR FIN LO HEMOS CONSEGUIDO!

Vale. Todos nuestros esfuerzos se habían centrado en LLEGAR al mundo del baile de máscaras. El tema de rescatar a Lili de casa de la marquesa... pues no lo teníamos muy claro, excepto que teníamos que colarnos en la mansión aprovechando el baile.

No pasa nada. Siempre lo digo, las aventuras no tienen que planearse. O al menos no tienen que planearse MUCHO.

Aunque, en realidad, tener un PLAN de rescate siempre ayuda, ¿no?

Bueno. Hemos decidido salir del callejón. Así disfrazados, estábamos seguros de que nadie nos reconocería. Además, con un poco de suerte, como ya había pasado un día entero desde que la marquesa le pidió a la policía que nos detuviera por romperle un poco la valla (y voy a decir una cosa: si la valla se rompió

SOLO porque nosotros nos caímos sobre ella, tampoco era una supervalla, ¿eh? Ya debía de estar medio rota de antes), esperábamos que ya nadie se acordaría de nosotros.

Hemos comenzado a caminar por la calle principal, la de los palacios. Como la última vez, había carruajes y gente paseando, pero nos hemos dado cuenta en seguida de que habíamos acertado con los disfraces: nadie nos miraba. Bueno, sí nos miraban. Incluso un señor que llevaba un sombrero de copa altísimo, al pasar por su lado, se ha inclinado hacia nosotros y nos ha saludado tocándose el borde de la chistera. Pero al menos no nos miraban como si acabáramos de llegar DE OTRO MUNDO COMPLETAMENTE DISTINTO AL SUYO Y LLEVÁRAMOS DISFRACES DE CARNAVAL, sino como si intentaran reconocernos.

Hemos tardado un buen rato en llegar a la mansión de la marquesa. ¡No imaginaba que estuviera tan lejos! Aunque, supongo, pasa un poco lo mismo que cuando estábamos esperando que fuera la hora de cruzar el pasadizo secreto: cuando quieres que el tiempo pase, no hay manera, y en cambio cuando estábamos persiguiendo a Lili por la calle el tiempo pasó volando.

Nos hemos parado un poco antes de llegar a la mansión. Hugo se ha quitado el antifaz para ver mejor.

Hugo: **¡Cuánta gente!**

Yo: **Todavía deben de estar preparando el baile...**

Alrededor de la mansión había docenas... (¡o más!) de personas con pinta de estar MUY MUY OCUPADAS. La mayoría llevaban uniformes negros de mayordomo e iban de acá para allá casi corriendo. Muchos llevaban paquetes hacia el interior de la mansión, o bandejas con comi-

da. Otros estaban limpiando la calle y decorando el jardín con farolillos de papel. De hecho, los únicos con vestidos de fiesta y máscaras en toda la calle éramos nosotros. Por suerte, supongo que todo el mundo estaba demasiado atareado para percatarse, porque la gente no hacía más que pasar por nuestro lado, esquivándonos y mirándonos con curiosidad. Incluso ha pasado por nuestro lado... ¡el mayordomo de la marquesa!, ese que estaba a su lado cuando rompimos la valla. Solo ha inclinado la cabeza, como si nos saludara.

Hemos avanzado un poquito más, justo hasta llegar al lado de la puerta de entrada al jardín de la mansión.

Sofía: **¡AHÍ ESTÁ!**

Sofía me ha dado un susto de muerte con su grito, porque lo ha dicho muy de repente y tirándome del brazo, pero entonces ha señalado hacia un rincón del jardín, al lado de un grupo de gente que estaba colocando unos jarrones enormes con flores para decorar.

Lili. En el mundo hay muchos gatos, pero yo reconocería al mío incluso desde tan lejos y con tanto movimiento. ¡LILI!

Ni siquiera he pensado en qué estaba haciendo: ¡Lili estaba allí, en el jardín de la marquesa! No he pensado ni en que mis amigos estaban conmigo, ni en toda esa gente atareada con la preparación del baile. Solo tenía que caminar unos metros, cogerlo y llevármelo a casa...

He comenzado a correr.

Y no he llegado ni siquiera a cruzar la puerta, porque alguien se ha puesto delante de mí y me ha cortado el paso.

¡El mayordomo!

Mayordomo: **Disculpe, señorita...**

No parecía MUY enfadado. Es decir, enfadado sí, pero se notaba un montón que a la vez intentaba ser supereducado conmigo. ¡Seguro que me había confundido con una de las invitadas a la fiesta!

¡Bien!

Solo para que siguiera creyendo lo mismo, me he tapado la cara con el antifaz y he pensado qué decirle...

Yo: **¿Sííí? Dígameeeeee.**

Para disimular incluso más he puesto una voz superaguda y he hecho una reverencia. Luego he pensado que seguramente los invitados no les hacen reverencias a los mayordomos, pero ya era tarde. De todos modos, el mayordomo solo ha dicho:

Mayordomo: ***Lamento decirle que el baile no comenzará hasta que caiga la noche... como puede ver, todavía estamos ultimando todos los detalles.***

El antifaz me tapaba casi completamente los ojos, pero a pesar de todo he podido ver cómo Lili... ¡se escabullía dentro de la mansión a través de una ventana abierta! ¡Noooooooo-oooooooooo!

Mayordomo: **Tendrán que regresar más tarde...**

Como ya había comenzado a hablar con esa voz rara, ahora no podía parar. He soltado una carcajada supersuperfalsa, pero no en plan que no me saliera bien, sino una de esas carcajadas de señora cursi que se ríe por reír.

Yo: ***¡Ayyy, por supuestoooooo! ¡Disculpe! Qué cabeza la míaaaaaa, estaba tan emocionada por asistir al baile que me olvidé completamente de la hora...***

Y mientras hablaba, he dado un paso para atrás.

Dar un paso hacia atrás con el disfraz de Bella y las manos ocupadas sujetándome el antifaz en la cara y encima NO TROPEZAR ha sido una gran hazaña.

Yo: ***Ya volveremos... ¿Al caer la noche, ha dicho?***

Y otro paso, porque el mayordomo comenzaba a mirarnos a los cinco con una expresión muy RARA.

Yo: **¡Hasta lueguitoooooo!**

Me he dado la vuelta, rápido, y mientras me marchaba he empujado a mis amigos para que hicieran lo mismo.

Yo: ***Chicos... será mejor que nos escondamos hasta que sea hora de entrar en la mansión, no podemos quedarnos aquí en medio...***

No quería arriesgarme a que el mayordomo nos reconociera o, peor, ¡a que lo hiciera la policía! Hemos seguido caminando un poco más. Pasada la casa de la marquesa hemos visto un parque ENORME.

A mí, lo reconozco, ME ENCANTAN los parques. Son lugares ideales para ir a jugar, para pasear, para explorar... Ese parque que hemos encontrado era un poco distinto. Todo estaba limpísimo y, además, los árboles no tenían... forma de árboles.

Me explico, porque eso ha sonado un poquito raro. Los árboles normalmente crecen y ya está, ¿no? Y en general crecen como les da la gana, con el tronco torcido, o con las copas más espesas de un lado que del otro... Pues en este parque todo era recto y ordenado. Las copas de los árboles estaban recortadas para que fueran perfectamente redondas, y los setos que había por todas partes estaban podados para darles una forma cuadrada. Parecía más un parque para mirar que no para pasear.

Pero bueno, igualmente era un buen lugar para esperar a que comenzara el baile de máscaras, así que nos hemos sentado al lado de una fuente hecha de piedra blanca.

Yo: ***Chicos, ¿cuándo creéis que es «al caer la noche»?***

Sofía se ha quitado la máscara de la nariz larga y se la ha puesto sobre el regazo.

Sofía: ***Pues... al atardecer, ¿no? Cuando se pone el Sol...***

Nico ha sacado su teléfono del bolsillo para mirar la hora.

Nico: ***Tenemos dos horas... ¿qué hacemos?***

Buena pregunta, Nico. ¿Qué podíamos hacer? He abierto mi mochila, que estaba a rebosar de cosas.

Yo: ***Pensar en la forma de colarnos en la mansión, y además... ¡comer!***

No sé si era por los nervios o qué, pero yo ya comenzaba a tener hambre. Supongo que a mis amigos les pasaba lo mismo, ¡porque se han lanzado todos a por las chuches de mi mochila!

¡YA DECÍA YO QUE SERÍA ÚTIL TRAER COMIDA!

Pues hemos planeado y hemos comido (aunque como había traído tantas cosas, mi mochila seguía llena de patatas y bollos y chucherías) y, al final, ha caído la noche, como decía el mayordomo.

Al ponerse el Sol, este mundo se ha vuelto precioso. En todas las casas se han encendido lucecitas, incluso en el parque. Parecían luciérnagas o hadas pequeñísimas, y estaban en todas partes: en los árboles del parque, en los tejados de las casas... ni siquiera hemos podido descubrir qué tipo de luces eran, porque no parecían bombillas (¿tenían electricidad en este mundo? ¿Se trataba de nuestro pasado en la Tierra o de un lugar completamente distinto?) ni eran velas. Parecía... ¡magia! Y donde más luces había era la mansión de la marquesa.

Mientras nos acercábamos, hasta me daban ganas de felicitar a todos los que por la tarde habíamos visto trabajando para decorar la mansión, porque ¡era fabulosa! El tejado de la casa estaba cubierto de esas lucecitas brillantes, y los torreones que había en cada una de las cuatro esquinas brillaban como si fueran de oro. En el jardín había ramos de flores y estatuas de cristal, y en algún lugar debía de haber una orquesta, porque se oía música.

Y también había una cola larguíííííííííííísima frente a la puerta del jardín.

¡Una cola donde docenas de hombres y mujeres con los trajes más elegantes que habíamos visto en nuestras vidas esperaban para entrar en casa de la marquesa! Las mujeres llevaban vestidos largos de todos los colores, joyas, y plumas, y lentejuelas por todas partes, y los hombres no se quedaban atrás. Llevaban trajes y sombrero, como en nuestro mundo, pero también eran de lo más coloridos. ¡Los trajes de hombre en nuestro mundo son muchísimo más aburridos en comparación! Justo delante de nosotros había un señor que tenía el sombrero de copa forrado con perlas de color gris, y otro más adelante con una chaqueta hecha de plumas de pavo real.

Todos llevaban máscaras conjuntadas con sus trajes, y charlaban y reían. Y nosotros, en la cola, ¡solo podíamos mirarlo todo con la boca abierta!

Tengo que decirlo, nosotros no estábamos TAN MAL. Nuestros vestidos de princesa y las máscaras venecianas cuadraban bastante con la ropa de los demás asistentes al baile. Eso sí, yo esperaba que nadie nos mirara los pies, porque seguíamos llevando zapatillas de deporte. La cola poco a poco ha ido avanzando y nosotros ya casi habíamos llegado frente a las puertas del jardín.

Yo: ***Ya casi estamos...***

Y allí estaba el mayordomo de la marquesa, vestido con su uniforme negro.

Me ha comenzado a doler el estómago de

los nervios otra vez. ¿Y si al final NO todo el mundo estaba invitado al baile? ¿Y si no nos dejaban entrar? He sujetado con fuerza mi antifaz, porque me sudaban las manos mientras la cola avanzaba un poquito más.

Ya solo había una pareja delante de nosotros en la cola, dos señoras bajitas y rechonchas, una que llevaba un vestido que parecía hecho de algodón de azúcar, y otra que tenía sobre los hombros una capa hecha de hojas de enredadera. Han hablado un momento con el mayordomo, y de repente este se ha dado la vuelta hacia el interior de los jardines y ha gritado:

Mayordomo: ***¡LAS SEÑORITAS FLORA Y FAUNA, CONDESAS DE DARCÍ!***

Ay, ay.

Como había tanto ruido alrededor de la mansión, hasta que no hemos llegado frente a la puerta, ¡no me había dado cuenta de que el mayordomo preguntaba el nombre de todos los asistentes!

Sofía se ha inclinado para hablarme al oído.

Sofía: ***¡Martina! ¡No hemos pensado en NUESTROS nombres!***

Hugo, que estaba detrás de nosotras, se ha apresurado a preguntar:

Hugo: ***¿Qué ocurre?***

Pero ya era demasiado tarde. Las señoras de delante han entrado en el jardín y nosotros nos hemos quedado frente al mayordomo, que nos miraba con la misma cara que tenía por la tarde: cara de serio, como si no le gustáramos, pero tampoco quisiera ofendernos.

Mayordomo: ***¿Y bien?***

Y bien, ¿qué?, he pensado yo frenética. Con una mano he sujetado fuerte el antifaz y con la otra, la falda del vestido, porque lo único que se me ha ocurrido hacer es una reverencia, y luego me he acordado OTRA VEZ de que seguramente no hay que hacer reverencias a los mayordomos...

No, seguro que no, porque el mayordomo se

ha inclinado hacia nosotros con cara de malas pulgas.

Mayordomo: ***¿A quién debo presentar para el baile?***

No entendía nada. Arriesgándome a que se enfadara más, me he dado la vuelta hacia mis amigos y he susurrado:

Yo: ***¿Qué quiere decir con «presentar»?***

Lucía: ***Creo que es lo que hace: nos pregunta el nombre y luego lo grita bien alto para que los demás asistentes en el baile sepan quiénes somos...***

Nico: ***Pero ¡no podemos dar nuestros nombres de verdad!***

Yo: ***¡Pues nos los tenemos que inventar!***

Entonces el mayordomo ha hecho un ruidito impaciente para llamar nuestra atención y nos hemos vuelto hacia él.

Mayordomo: **Señoras... hay más invitados que esperan para entrar, si son tan amables...**

Piensa, Martina, piensa, me he dicho. Un nombre que suene elegante y exótico, que suene como si fuera de alguien de este mundo lujoso y extraño...

Yo: **¡D'ARTAGNAN!**

Es que el otro día estuve viendo la peli de los tres mosqueteros y... ¡D'Artagnan suena bien!

Yo: **Martina, Sofía, Lucía, Nico y Hugo D'Artagnan.**

El mayordomo entonces se ha quedado super-superquieto, con cara de sorpresa.

Mayordomo: **¿Son ustedes parientes de los condes de D'Artagnan?**

Casi se me cae el antifaz de la impresión. ¿Qué casualidades podía haber de que en este mundo hubiera una familia de condes con ese nombre?

Me he apresurado a contestar, porque no podíamos desaprovechar la oportunidad.

Yo: **¡Sí! Somos... ¡primos lejanos de los condes!**

De repente, el mayordomo era todo sonrisas. Nos ha hecho una reverencia tan bestia que la cabeza casi le toca al suelo y, cuando ya se ha erguido otra vez, ha hecho un gesto con la mano para que pasáramos hacia el jardín:

Mayordomo: **¡LOS JOVENES PRIMOS DE LOS CONDES DE D'ARTAGNAN!**

INCREÍBLE. ¡YA ESTAMOS DENTRO DE LA MANSIÓN!

¡YO QUIERO QUEDARME A VIVIR EN ESTE MUNDO!

Vale, seguramente con el tiempo echaría de menos a mis padres, a mis hermanos... ¡Y LA TELE E INTERNET! ¡Incluso la escuela!

Bueno, lo de la escuela estaría por ver.

Voy a rectificar: lo que me gustaría es quedarme POR UN TIEMPO en este mundo y poder explorarlo a gusto.

El baile de máscaras, alucinante. Después de que el mayordomo nos presentara, hemos entrado en el jardín de la mansión. Algunos de los asistentes al baile nos miraban mientras caminábamos, y algunos se ponían a cuchichear, pero nosotros no les hemos hecho mucho caso. ¡Demasiado ocupados estábamos tratando de verlo todo! Las hojas de los árboles y los arbustos de flores en las jardineras brillaban con las mismas luces que se veían por todas partes y que le daban a todo un aspecto de castillo de cuento de hadas. ¡Y teníamos razón con lo de la música! Justo en la entrada de la casa estaba tocando una orquesta pequeñita. Mis amigos y yo hemos comenzado a movernos entre la gente. Lucía lo primero que ha hecho ha sido acercarse a una de las esculturas del jardín, que resulta que no eran de cristal, sino de hielo; Nico, por su parte, cuando un camarero se ha acercado a él y le ha ofrecido una bandeja con canapés... ¡ha cogido un puñado entero!

Nico: **¿Queréis? ¡Están riquísimos!**

Yo: **Chicos... por muy genial que sea el baile, deberíamos buscar a Lili...**

Nico: **Ya... pero podemos buscarlo Y COMER a la vez...**

Un señor desconocido ha interrumpido a Nico de repente.

Señor desconocido: **¡Disculpen, damas y caballeros!**

Nos hemos quedado entre helados y alucinados porque de todos los trajes maravillosos que hemos visto en la mansión, el de este señor bajito y con un bigote que casi le llegaba a las orejas, era el más impresionante. Llevaba un traje completamente dorado. ¡Parecía de oro de verdad! Y su sombrero de copa era el más alto que he visto en mi vida. ¡Casi tan alto como el señor mismo! Y encima del traje llevaba una capa hecha de campanillas también doradas, que han comenzado a tintinear cuando el señor ha hecho una reverencia.

Señor desconocido: ***Permitan que me presente... soy el caballero son Amaranto Rigatoni, es un honor para mí darles la bienvenida a esta fiesta...***

¿Y qué podíamos hacer nosotros? Pues devolverle la reverencia… (de tanto hacer reverencias estábamos cogiendo una práctica que no veas…) mientras tratábamos de disimular la risa porque ¡VAYA NOMBRE MÁS RARO TENÍA EL SEÑOR! Yo todavía estaba pensando en qué teníamos que decirle a ese señor del bigote ridículo, cuando él mismo ha continuado:

Señor Rigatoni: ***Me alegro de conocerlos por fin, ¡he oído hablar tantísimo de ustedes!***

Nos hemos mirado entre nosotros sin saber de qué estaba hablando ese señor. ¿Que había oído hablar de nosotros? ¿Dónde? ¿Cuándo? Mis amigos y yo hemos encogido los hombros, extrañados, mientras el señor Rigatoni (ahora que lo pienso juraría, juraría que los rigatoni son un tipo de pasta italiana, como macarrones pero más grandes. Huuummmmmm…) no paraba de hablar…

Señor Rigatoni: ***Así que cuando los he visto, he pensado: «Tengo que ir y saludar a estos jóvenes***

tan apuestos y aristocráticos, y asegurarme de que cuando vean a sus primos los condes de D'Artagnan se acuerden de darles recuerdos de mi parte...».

Entonces el pobre señor Rigatoni ha dejado de hablar, porque ¡ahora sí nos hemos echado a reír! ¡Ese señor no nos conocía de nada! ¡Solo intentaba hacernos la pelota para que habláramos bien de él ante nuestros primos de mentira, los condes!

Mis amigos y yo hemos soltado una carcajada tras otra, ¡no podíamos parar! Y mientras tanto el señor del vestido de oro nos miraba con los ojos muy abiertos y se retorcía el bigote.

Yo: **Discúlpenos, pero tenemos que marcharnos...**

Me he disculpado, porque me ha dado un poco de pena.

Yo: **Pero nos aseguraremos de dar sus recuerdos a nuestros queridos primos, ¡se lo prometemos!**

Al instante, al señor le ha cambiado la cara, de sorpresa a satisfacción absoluta.

Hemos aprovechado para alejarnos de los jardines y entrar DENTRO de la mansión. Lili es un gato un poco asustadizo, así que estaba segura de que no estaría en el jardín, con tanta gente y tanto barullo.

Parece difícil de creer, pero dentro de la mansión había más ruido que fuera, en los jardines. Hemos entrado por la puerta principal, y no podíamos parar de mirar hacia todos lados. Las paredes del vestíbulo estaban pintadas de color dorado, y por todas partes había espejos gigantescos que llegaban al techo, estatuas de mármol blanco y cuadros de la marquesa: la marquesa vestida de gala, la marquesa sentada a una mesa tomando el té, la marquesa montada a caballo...

Entonces hemos llegado al salón principal de la mansión. ¡Y vaya salón! Allí no había una orquesta pequeñita como en los jardines, sino una enorme: he podido contar por lo menos treinta músicos entre violines, flautas, contrabajos, violoncelos. A los lados del salón había mesas con todo tipo de platos de comida distintos y en el centro había docenas de parejas bailando al son de la música.

En ese momento me he dado cuenta de dos cosas:

Una: Que seguramente Lili no estaría en el salón, sino en algún sitio tranquilo...

Dos: Que era una mansión LAS MANSIONES SON ENORMES. ¡Seguramente había cientos de lugares en los que Lili podría esconderse!

Lucía: **¿Por dónde empezamos?**

Yo: **Chicos... ¡tendríamos que dividirnos! Así podremos abarcar más terreno por separado. ¿Qué os parece?**

Nico: **¡Vale! Yo me quedo aquí, en el salón...**

Yo estaba casi segura de que Nico ya no nos miraba a nosotros, sino a las mesas llenas de comida. De todas formas, no era mala idea que uno de nosotros se quedara en el salón, así que me ha parecido bien.

Sofía ha dicho que intentaría subir al piso de arriba de la mansión con cualquier excusa y Lucía se ha ofrecido a regresar al jardín por si acaso. Hugo, entonces, ha dicho que se quedaría en la planta principal y buscaría por las salas de alrededor del salón de baile.

Hugo: **¿Y cómo sabremos si alguno de nosotros ha encontrado a Lili?**

Yo me he llevado la mano a la cabeza. ¡Es verdad! ¡No lo había pensado! Entonces me he acordado de ALGO que esta mañana he guardado en mi mochila...

Yo: **¡Tomad!**

He abierto la mochila y he sacado los cinco silbatos. Estaba segura de que podríamos escucharlos incluso por encima del ruido y de la música.

Los demás han cogido cada uno un silbato y se han desperdigado por el salón de baile, cada uno en una dirección. Yo me he quedado donde estaba porque... ¡me había preocupado de mandar a los demás a sitios distintos, pero se me había olvidado de buscar un lugar al que ir YO!

Vale. ¿Dónde podría haberse metido Lili?

Más importante todavía: ¿qué le GUSTA a mi hermano peludo?

A Lili le gustan los lugares calentitos.

Le gustan los lugares tranquilos.

Eso les gusta a todos los gatos. Pero luego hay una cosa que le ENCANTA A LILI: comer.

He mirado a mi alrededor. Aunque en los lados del salón había mesas larguísimas llenas, media docena o más de camareros no paraban de llegar cargados con más y más bandejas. Comida.

¿Y qué lugar es tranquilo, es calentito y está lleno de comida?

La cocina.

Eso no era una mansión, era un laberinto. He seguido a uno de los camareros fuera del salón de baile, y este se ha metido por una puerta que conducía a una serie de pasillos mucho mucho menos lujosos que el resto de la mansión. Allí las paredes eran de ladrillo desconchados y el suelo, de madera. Luego ha comenzado a bajar unas escaleras empinadas. Y yo, detrás, con los dedos cruzados para que el camarero no se diera la vuelta y no me viera.

Por fin, al final de las escaleras, el camarero ha dado un empujón a una puerta. ¡Las cocinas! O al menos, en el poco tiempo que ha tardado en abrirse y cerrarse la puerta, me ha parecido ver que en la habitación en la que ha entrado el camarero había montañas de bandejas con comida. Yo me he escondido en el hueco que quedaba bajo el siguiente tramo de escaleras, puesto que no podía entrar en la cocina y ya está, tenía que asegurarme de que no hubiera nadie dentro...

Al cabo de unos segundos, el camarero ha vuelto a salir de la cocina con una bandeja nueva en las manos y ha comenzado a subir las escaleras a saltos.

Yo, de momento, no me he movido. He esperado un minuto, y luego dos, a ver si salía alguien más...

Después me he acercado a la puerta de la cocina. ¡Dentro no se escuchaba nada!

Al final he entrado.

Jolines, cómo olía a comida.

No a comida sin más... ¡A COMIDA DELICIOSA!

¡Bandejas de comida! ¡Un jabalí entero asado! ¡Una montaña de manzanas con canela y azúcar al horno! Empanadas tan grandes que rebosaban de unas bandejas que yo no podría sujetar con ambos brazos, soperas humeantes y llenas de un consomé que olía como si lo hubiera preparado el mejor chef del mundo...

He caminado por entre todos esos manjares, reprimiéndome las ganas de probar algo...

Y luego he caminado un poco más todavía, porque la cocina era gigantesca (¡casi tan grande como el salón). Pero ni rastro de Lili...

Otra vez, como tantas antes, he comenzado a desanimarme, pero entonces he pensado que podría probar una cosa...

Yo: ***¿Lili?***

Lo he dicho muy flojito primero, así que he repetido, un poco más fuerte:

Yo: ***¿¡Lili?!***

Y justo entonces, he escuchado un ruido que venía de una puerta al fondo de la cocina.

He llamado a Lili una tercera vez y entonces he escuchado:

¡miau!

¡¡¡¡¡¡LILI!!!!!! ¡¡¡RECONOCERÍA ESE MAULLIDO ENTRE UN MILLÓN!!!

Cuando he cruzado esa segunda puerta, he entrado en lo que parecía la parte de la cocina dedicada a los postres, porque allí al fondo, en una mesa, había una tarta enorme.

Y ENCIMA DE LA TARTA, COMIÉNDOSELA, ¡ESTABA LILI!

Yo: **¡LILI!**

He dicho, acercándome, superemocionada. Estoy segura de que me he puesto a llorar en ese mismo momento, pero entonces Lili ha soltado un bufido. ¡A mí! ¡Me ha bufado a mí! ¡Pensaba que me habría echado de menos!

Casi tenía ganas de llorar más fuerte, a pesar de la alegría de haberlo encontrado...

¡Hasta que me he dado cuenta de que no me estaba bufando a mí, sino al antifaz que todavía me estaba tapando la cara!

Pues fuera antifaz. Me lo he quitado de un tirón y, por si acaso la ropa le asustara, también me he quitado el vestido dorado de Bella y me he quedado con mis vaqueros y mi jersey de siempre.

¡Ahora sí! Lili ha soltado un maullido de alegría (yo sé que era de alegría, ¿vale?) y ha saltado de la tarta hacia mis brazos.

¡¡¡¡¡¡POR FIN TE HEMOS ENCONTRADO!!!!!!

Y entonces a la cocina ha entrado una señora que tenía la cara muy muy roja, de enfado. Yo creo que era la cocinera, porque llevaba un delantal y un gorro. Y porque, bueno, al vernos a Lili y a mí se ha puesto a chillar:

Cocinera: ***¡MI TARTA! ¡¡¡¿¿¿QUÉ LE HABÉIS HECHO A MI TARTAAAAAAAAAAAAAAAAAAA??!!! ¡HABÉIS DESTROZADO MI MARAVILLOSA TARTAAAAAAAAAA!***

¿Verdad que yo decía que traer comida al mundo del baile de máscaras sería útil?

Pues tenía razón.

La cocinera no paraba de gritar. Quería taparme las orejas, pero, a la vez, ¡no podía soltar a Lili ahora que lo había encontrado por fin!

Cocinera: ***¿QUÉ VOY A SERVIR AHORA DE POSTRES PARA LA CENA DEL BAILE? ¡MI TARTA ESTÁ ARRUINADA! ¡ES UN DESASTRE! ¡LA MARQUESA VA A MONTAR EN CÓLERA Y ME VA A DESPEDIR!***

Entonces me he acordado de las chucherías y de la comida que aun llevaba en la mochila. Todavía sujetando a Lili con un brazo, me he descolgado la mochila del hombro y la he abierto frente a la cocinera, que se ha callado de golpe.

Yo: ***Siento mucho que mi gato haya arruinado su tarta, señora... pero si quiere puede servir estos... (estaba buscando la palabra adecuada, porque durante el tiempo que habíamos pasado allí nos hemos dado cuenta de que en este mundo hablaban un poco raro) manjares.***

Cocinera: ***¿Qué es esto?***

Lo ha preguntado mientras de dentro de la mochila sacaba un paquete de ositos de gominola y los miraba como si acabara de ver un tesoro.

Con mucho cuidado ha cogido una galleta y le ha dado un mordisco. Los ojos se le han abierto de la impresión.

Cocinera: ***¿Quién ha preparado estos exóticos dulces?***

Yo: ***Es... están recién horneados en la mejor pastelería de Marbella...***

En realidad todo era comprado en el súper, pero la cocinera no tenía por qué saberlo.

Me ha parecido que la mujer lo estaba pensando un momento, pero luego ha dicho que sí con la cabeza. De uno de los armarios que había en la sala ha sacado una bandeja de plata y yo la he ayudado a poner allí lo que había en la mochila: pastelitos, magdalenas, galletas... y chuches encima. Justo en el momento en que lo ha colocado todo, ha llegado un camarero a todo correr.

Camarero: **¿Ya está lista la tar...?**

La cocinera lo ha interrumpido:

Cocinera: **¡Cambio de planes!**

Y entonces le ha puesto la bandeja con los dulces en las manos y lo ha empujado hacia la puerta para que se marchara.

Luego me ha mirado a mí. Por un segundo he pensado que la cocinera me echaría la bronca, pero solo me ha empujado a mí también hacia la puerta.

Cocinera: ***Señorita, cruce los dedos para que a la marquesa y a sus invitados les gusten estos dulces tan exóticos suyos, porque si no... y ahora vamos, márchese con su gato.***

No ha tenido que pedírmelo dos veces. Como la mochila se había quedado vacía, he metido a Lili dentro (no le ha gustado NADA, PERO LO SIENTO, LILI, NO ES MOMENTO PARA QUEJARSE) y mientras le daba mil y una gracias a la cocinera he subido las mismas escaleras de antes y por fin he llegado al salón de baile. Allí ha ocurrido una cosa buena y, luego, una cosa MALA.

La buena: Nada más entrar en el salón de baile, he visto a la marquesa. ¡Como para no fijarse en ella! ¡En vez de una persona, parecía un pájaro tropical! Llevaba una máscara alargada como si fuera el pico de un ave y un vestido de todos los colores, con una falda tan ancha que su torso, al ser una mujer muy flaca, salía de en medio de la falda como un alambre. Se estaba comiendo, a puñados, los ositos de gominola que

la cocinera y yo habíamos puesto en la bandeja para sustituir la tarta, y parecía que le estaban gustando mucho. No solo a ella: el resto de los invitados al baile de máscaras estaban devorando las galletas y los bollos.

La mala: Que la marquesa también me ha visto a mí. De repente los ojos se le han cruzado y, aunque todavía llevaba la máscara puesta, he visto perfectamente cómo se ponía roja roja roja rojísima:

Marquesa: ***¡ESA NIÑA! ¡ESA NIÑA ES UNA DE LAS CRIATURAS HORRIBLES QUE AYER DESTROZARON MI PRECIOSA VALLA!***

¡Claro! Me había dejado el vestido y el antifaz en la cocina... ¡ME HABÍA RECONOCIDO!

La marquesa ha dejado caer al suelo los ositos de gominola a medio comer y ha intentado agarrarme el brazo.

¡Lo llevaba claro esa señora si creía que iba a dejar que me tocara! Además, ¡estábamos tan cerca de conseguir nuestro objetivo!

Así que he hecho lo único que se me ha ocurrido en ese momento:

LE HE DADO UN EMPUJÓN CON TODAS MIS FUERZAS.

No imaginaba, para nada, que la marquesa se caería hacia atrás. Estoy segura de que no se ha hecho daño pero... ¡llevaba un vestido tan enorme que al caer ha rodado como si fuera una pelota y ha acabado chocando contra una de las mesas llenas de comida! Le ha caído encima una cascada de pastelitos y empanadas.

De repente se ha detenido la música, la gente se ha quedado callada y se han vuelto para mirarme.

Yo estoy acostumbrada a que la gente me mire, ¿vale?, cuando tengo una actuación de música o baile y normalmente me gusta, pero esto...

La marquesa, con todo el vestido, el pelo y la cara pringados, todavía en el suelo, se ha puesto a gritar aún más fuerte:

Marquesa: **¡QUE LA DETENGAN! ¡ESTA VEZ NO PUEDE ESCAPAR!**

Suerte, SUERTE, que llevaba las zapatillas de deporte, porque me he imaginado que era hora de huir.

He comenzado a correr por el salón. Tenía que aprovechar que todo el mundo estaba tan sorprendido que nadie, por el momento, había tenido tiempo de reaccionar.

Y mientras corría me he acordado de que ¡mis amigos seguían por algún lugar en la mansión, buscando a Lili! Suerte que llevaba el silbato colgado del cuello. Sin parar de correr, me lo he llevado a los labios y silbado CON TODAS MIS FUERZAS.

He oído una voz: *¡MARTINA!*

Era Nico, que desde un lado del salón de baile venía a toda prisa hacia mí. No sé si estaba muy por la labor de buscar a Lili, porque tenía los labios y las manos manchadas de algo que se parecía, muy sospechosamente, a la misma empanada que le había caído encima a la marquesa.

De todos modos, cuando ha llegado a mi lado, lo he agarrado de la manga del disfraz.

Yo: **¡Tenemos que marcharnos!**

Luego, he seguido soplando el silbato para avisar al resto de mis amigos.

Nico y yo hemos salido a la carrera del salón. Estábamos atravesando el vestíbulo de la mansión cuando hemos visto a Hugo y a Sofía que llegaban desde otro pasillo.

Hugo: ***¿Ya habéis encontrado a Lili? ¿Qué ha ocurrido? ¿Por qué corréis?***

Yo: **¡PORQUE LA MARQUESA ME HA RECONOCIDO! ¡NO OS PARÉIS!**

Y así los cuatro hemos salido al jardín. Detrás de nosotros hemos comenzado a oír gritos. ¡La gente que estaba en el salón de baile había logrado reaccionar y había comenzado a perseguirnos!

Por suerte, Lucía estaba ya esperándonos fuera. Al pasar por su lado, no le he dado ni tiempo a preguntar, la he agarrado del brazo y la he arrastrado con nosotros.

Hemos salido de la mansión... pero no hemos salido solos. ¡Todos los invitados nos perseguían!

Yo: **¡CORRED, CHICOS, CORRED!**

Podíamos oír los gritos de la marquesa detrás de nosotros. Y no nos decía precisamente cosas bonitas.

Sin detenernos ni un segundo hemos cruzado las puertas del jardín y hemos salido a la calle.

Sofía: ***¿Creéis que podremos llegar antes de que nos alcancen?***

He mirado hacia atrás un segundo. ¡Cada vez había más gente persiguiéndonos! Y a mí comenzaban a fallarme las piernas: estaba tan cansada... Podía escuchar como mis amigos comenzaban a resoplar también por el esfuerzo. Llevábamos todo el día de un mundo al otro, agotados...

¿Y si al llegar al PASADIZO la marquesa y todos sus invitados enfurecidos nos perseguían hasta nuestro mundo?

Yo no creo que mis padres estuvieran muy contentos de ver mi habitación llena de gente vestida con ropa estrafalaria.

He tratado de reunir todas mis fuerzas para correr más rápido, pero el PASADIZO secreto todavía estaba muy lejos y yo estaba tan cansada...

Tan cansada que he tropezado con uno de los adoquines de la calle. He estado a punto de caerme, pero entonces una mano me ha sujetado por el brazo: ¡Hugo!

Hugo: ***No te caigas ahora, Martina... ¡con lo a punto que estamos de salvarnos!***

Ha dicho sin dejar de correr. Y sin soltarme.

No el brazo. Primero, para que no me cayera, Hugo me ha sujetado del brazo, pero mientras seguíamos corriendo, me ha agarrado de la mano.

Si no estuviéramos tan EN PELIGRO, creo que estaría tan emocionadísima que echaría a volar.

BUENO, AHORA SÍ: teníamos que encontrar una manera de escapar YA, PORQUE HUGO ME HABÍA COGIDO DE LA MANO Y NO SABÍA QUÉ QUERÍA DECIR CON ESO, PERO SI NO ESCAPÁBAMOS DE ESA NO SE LO PODRÍA PREGUNTAR JAMÁS.

A ambos lados de la calle había varios carruajes. Seguro que eran de los invitados a la fiesta.

Yo voy a clases de equitación desde que era pequeña. ¿Hay mucha diferencia entre montar a caballo y conducir un carro? Pues estaba a punto de descubrirlo. He gritado con todas mis fuerzas:

Yo: **¡Chicos! ¡Seguidme!**

Justo delante de nosotros había un carruaje magnífico. Daba la impresión de ser una joya montada sobre cuatro ruedas. Estaba forrado de piedras brillantes de color rojo, parecían rubíes, y en cada esquina del carro había un farolillo encendido. Enganchado al carro había un caballo de color negro.

A regañadientes, he tenido que soltar la mano de Hugo.

Lucía: ***¡Martina! ¿Qué idea loca se te ha ocurrido ahora?***

En vez de responderle, he abierto la puerta del carro para que mis amigos se metieran dentro.

Yo me he subido de un salto al asiento del conductor. No he mirado hacia atrás: sabía que la marquesa y toda una multitud enfurecida nos pisaban los talones. Así que le he dado un tirón bien fuerte a las riendas.

El caballo, que hasta entonces estaba tan tranquilo, ha pegado un salto hacia delante.

Hemos comenzado a movernos. Primero poco a poco. He escuchado un golpe detrás de mí y entonces sí he tenido que volverme.

Lucía había sacado la cabeza por una de las ventanillas del carro y me miraba alarmada.

Lucía: ***¡Uno de los mayordomos de la marquesa intenta subirse al carruaje!***

Lucía tenía razón, en la parte de atrás del carruaje he visto a un hombre vestido de negro medio agarrado, tratando de montarse con nosotros.

He dado otro golpe con las riendas, más fuerte, y entonces SÍ hemos comenzado a movernos rápido. ¡El caballo ha soltado un relincho ensordecedor y ha empezado a galopar calle abajo tan de repente que el mayordomo que intentaba trepar se ha caído!

Habíamos logrado escapar... ahora sí, cuando he mirado hacia atrás la mansión de la marquesa y la gente que nos seguía se han ido haciendo pequeñitos, pequeñitos... pero ¡nosotros íbamos cada vez más rápido! El carruaje no paraba de botar contra las baldosas del suelo, se movía tanto ¡que parecía que iba a romperse de un momento a otro!

Encerrado dentro de mi mochila, Lili ha comenzado a maullar de miedo, ¡pobre! Todavía no sé cómo no me he caído, porque no podía agarrarme a nada, tenía las manos ocupadas con las riendas...

Yo: ***¿CHICOS, ESTÁIS BIEN?***

Lucía: ***¡CUIDADO, MARTINA!***

Lucía ha señalado hacia delante: ¡otro carruaje nos venía de frente por la calle!

El conductor del otro carro chillaba y me hacía señas para que me apartara.

Mis amigos se han puesto a gritar.

¡ÍBAMOS A CHOCAR!

Casi no me ha dado tiempo a reaccionar. He tirado de las riendas hacia la derecha todo lo fuerte que he podido y por suerte el caballo me ha hecho caso. Nuestro carruaje ha dado una sacudida fortísima, por un momento se ha quedado solo sobre dos ruedas y a mí me ha ido de un pelo no salir despedida hacia fuera, pero ¡hemos esquivado al otro de milagro!

Detrás de mí, he escuchado a mis amigos vitoreándome, hasta que la voz de Lucía ha sonado por encima de todas las demás:

Lucía: ***¡PARA, PARA, MARTINA, QUE NOS PASAMOS!***

¡Tenía razón! A pie habíamos tardado una barbaridad desde el callejón donde estaba el pasadizo secreto hasta la mansión de la marquesa, pero en carro había sido solo un momento.

Tendría que haber frenado poco a poco, pero no teníamos tiempo. He dado un tirón brusco a las riendas hacia atrás, y el caballo se ha parado tan de golpe que las patas le han patinado y nos hemos detenido con una sacudida tan fuerte que yo me he caído hacia delante, contra la barandilla que había frente al asiento del conductor. Creo que con el golpe me he raspado las rodillas y me he golpeado las muñecas, pero igualmente he bajado de un salto. Al mismo tiempo, mis amigos han comenzado a salir en estampida del carruaje. Todos tenían cara de haberlo pasado bastante mal. Sus disfraces estaban arrugados, las máscaras se habían doblado o estaban rotas. ¡La que peor lo ha pasado es Sofía, la pobre estaba verde por el mareo! Pero, aun así, hemos dado una última carrera hasta el callejón.

Y al final del callejón, ¡qué ALIVIO! Estaba el PASADIZO de ladrillos viejos, y al otro lado... ¡MI HABITACIÓN!

¡Mi habitación! ¡Mi querida, querida habitación!

Hemos pasado los cinco por el agujero en la pared, tan cansados por la carrera y la huida en carruaje que nos hemos quedado desparramados por el suelo. Entonces nos hemos puesto a gritar de la emoción, todos a la vez, todos contando a gritos esa aventura extraordinaria que acabábamos de vivir.

Sofía: **¡NO ME PUEDO CREER QUE LO HAYAMOS CONSEGUIDO!**

Nico: **¡PUES CLARO QUE LO HEMOS CONSEGUIDO! ¡SOMOS LOS MEJORES!**

Lucía: **¡ES LA MEJOR AVENTURA QUE HEMOS VIVIDO NUNCA!**

Hugo: **¿¡¡¡CUÁNDO REPETIMOS!!!?**

Los cuatro nos hemos quedado mirando a Hugo porque...

Porque nos acabábamos de dar cuenta de que este viaje al mundo del baile de máscaras solo era el principio de muchos más a través del agujero de la pared...

Sofía entonces se ha vuelto hacia mí.

Sofía: **¡Martina! ¡Que te has olvidado de Lili!**

¡Pobre Lili! Cuando me he dado cuenta, he visto que el pobre intentaba salir de dentro de mi mochila a zarpazos, así que he abierto la cremallera. Lili ha salido de un salto, tenía el pelo erizado y bufaba como un loco, pero enseguida ha venido a esconderse entre mis brazos.

Y yo esta vez también me he echado a llorar, pero ¡de alegría!

¿Se puede llorar y a la vez reír a carcajadas? Pues resulta que sí.

Por eso no he escuchado cómo se abría la puerta de mi habitación, ni tampoco he visto cómo mis padres entraban en el cuarto.

Mamá: **¿Martina? ¿Qué son todos estos gritos? Lleváis todo el día encerrados aquí...**

Papá: **¡MARTINA VALERIA, ¿POR QUÉ HAY UN AGUJERO EN LA PARED DE TU CUARTO?!**

¡Ups!

LO QUE PASÓ DESPUÉS DE LA AVENTURA EN EL TÚNEL

Bueno, espero que a muchos (¡a todos!) os alegre saber que mis padres al final NO me mataron por lo del agujero de la pared. En realidad, ni me castigaron. ¡Al contrario!

¡JA! ¿Que cómo lo hice? ¿Cómo me las apañé en una situación en la que parecía que estaba acabada? ¿Cómo le di la vuelta cuando mis padres estaban tan enfadados que apenas les salían las palabras, estaban poniéndose de un color rojo tan rojo que pasaba ya a morado, y yo tenía un agujero ENORME en mi cuarto?

En parte todo se solucionó porque, en un arrebato desesperado, les dije a mis padres que, mientras grabábamos el vídeo, Sofía se había resbalado, se había dado de cabeza contra la pared y que había hecho el agujero. Después de eso, mis padres pasaron de ponerse rojos a blancos como sábanas y, al cabo de dos días, decidieron que lo mejor y más seguro era ¡remodelar mi habitación entera! (¡Y HA QUEDADO PRECIOSA!)

Lo he dicho, yo creo que en parte todo el asunto se arregló con mi historia sobre Sofía y su pobre cabeza rompiendo una pared de ladrillo, pero la verdad... la verdad a mí me gusta pensar en lo siguiente:

Me gusta pensar en que me llamo Martina Valeria D'Antiochia y que, con cada aventura que vivo, aprendo que con optimismo (y una buena sonrisa de niña buena) (y vale, con la ayuda de mis amigos), sin rendirme, ¡SIEMPRE SALGO ADELANTE!